STAATSINSTITUT FÜR SCHULQUALITÄT
UND BILDUNGSFORSCHUNG
MÜNCHEN

AF186344

FORMELSAMMLUNG

PHYSIK
TECHNOLOGIE/NATURWISSENSCHAFTEN
CHEMIE

München 2019

Physik

Technologie/Naturwissenschaften

Chemie

Tabellen – Physik

Tabellen – Technologie/Naturwissenschaften

Tabellen – Chemie

Anhang: Merkhilfe Mathematik Technik
Periodensystem

Physik

1 Grundlagen

1.1 Dichte

ρ ist die Dichte eines Körpers/einer Flüssigkeit/eines Gases,

m die Masse des Körpers/der Flüssigkeit/des Gases,

V das zugehörige Volumen.

$$\rho = \frac{m}{V}$$

1.2 Gewichtskraft

F_G ist der Betrag der auf einen Körper wirkenden Gewichtskraft $\vec{F}_G$,

m die Masse des Körpers,

g der Ortsfaktor (Betrag der Fallbeschleunigung).

$$F_G = m \cdot g$$

1.3 Hooke'sches Gesetz

F ist der Betrag der Kraft $\vec{F}$, mit der eine Feder gedehnt/gestaucht wird,

D die Federkonstante (Federhärte),

s die Länge der Dehnung/Stauchung der Feder.

$$F = D \cdot s$$

1.4 Druck

p ist der Druck,

F_N der Betrag der Kraft $\vec{F}_N$, die senkrecht auf eine Fläche wirkt (Normalkraft),

A der Flächeninhalt.

$$p = \frac{F_N}{A}$$

Physik

Technologie/ Naturwissenschaften

Chemie

Tabellen

Stichwortverzeichnis

1.5   Hydrostatischer Druck

p_h ist der hydrostatische Druck,

h die Höhe der Flüssigkeitssäule,

ρ die Dichte der Flüssigkeit,

g der Ortsfaktor (Betrag der Fallbeschleunigung).

$$p_h = \rho \cdot g \cdot h$$

1.6   Auftriebskraft

F_A ist der Betrag der Auftriebskraft $\vec{F}_A$,

ρ die Dichte des Mediums (Flüssigkeit oder Gas), in das ein Körper ganz oder teilweise eingetaucht ist,

V das Volumen des verdrängten Mediums,

g der Ortsfaktor (Betrag der Fallbeschleunigung).

$$F_A = \rho \cdot g \cdot V$$

1.7   Reibungskraft

Reibungskraft zwischen zwei Festkörpern

F_R ist der Betrag der Reibungskraft $\vec{F}_R$,

F_N der Betrag der Normalkraft $\vec{F}_N$, mit der ein Körper auf eine Unterlage gedrückt wird,

μ die Reibungszahl.

$$F_R = \mu \cdot F_N$$

Reibungskraft bei laminarer Strömung (Gesetz von Stokes)

F_R ist der Betrag der Reibungskraft $\vec{F}_R$,

r der Radius einer Kugel,

v der Betrag der Geschwindigkeit $\vec{v}$, mit der sich die Kugel in einem Medium (Flüssigkeit oder Gas) bewegt,

η die Viskosität (Zähigkeit) des Mediums.

$$F_R = 6\pi \cdot \eta \cdot r \cdot v$$

Physik

Technologie/ Naturwissenschaften

Chemie

Tabellen

Stichwortverzeichnis

13

Reibungskraft bei turbulenter Strömung

F_R ist der Betrag der Reibungskraft $\vec{F}_R$,

v der Betrag der Geschwindigkeit $\vec{v}$ eines Körpers,

$$F_R = \frac{1}{2} c_W \cdot A \cdot \rho \cdot v^2$$

A der Flächeninhalt der angeströmten Querschnittsfläche des Körpers,

c_W der Widerstandsbeiwert,

ρ die Dichte des Mediums.

1.8   Drehmoment

M ist der Betrag des Drehmoments $\vec{M}$,

F der Betrag der Kraft $\vec{F}$,

l der Hebelarm.

$$M = F \cdot l$$

Physik

Technologie/Naturwissenschaften

Chemie

Tabellen

Stichwortverzeichnis

2 Geradlinige Bewegungen

Ein Körper (Massenpunkt) bewegt sich längs der x-Achse eines kartesischen Koordinatensystems.

2.1 Mittlere und momentane Geschwindigkeit

Betrachtet wird die Bewegung des Körpers im Zeitintervall $[t; t + \Delta t]$.

$\bar{v}_x$ ist die Koordinate der mittleren Geschwindigkeit $\vec{v}$ des Körpers in diesem Zeitintervall,

Δt die Länge des Zeitintervalls,

Δx die Änderung der Koordinate des Ortes $\vec{r}$ des Körpers in diesem Zeitintervall.

$$\bar{v}_x = \frac{\Delta x}{\Delta t}$$

$v_x(t)$ ist die Koordinate der momentanen Geschwindigkeit $\vec{v}$ des Körpers in Abhängigkeit von der Zeit t.

$$v_x(t) = \lim_{\Delta t \to 0} \frac{\Delta x}{\Delta t} = \frac{\mathrm{d}}{\mathrm{d}t} x(t) = \dot{x}(t)$$

2.2 Geradlinige Bewegung mit konstanter Geschwindigkeit

$x(t)$ ist die Koordinate des Ortes $\vec{r}$ des Körpers in Abhängigkeit von der Zeit t,

x_0 die Koordinate des Ortes $\vec{r}$ des Körpers zum Zeitpunkt $t_0 = 0$,

v_x die Koordinate der konstanten Geschwindigkeit $\vec{v}$ des Körpers.

$$x(t) = x_0 + v_x \cdot t$$
$$v_x = \text{konst.}$$

2.3 Mittlere und momentane Beschleunigung

Betrachtet wird die Bewegung des Körpers im Zeitintervall $[t; t + \Delta t]$.

$\bar{a}_x$ ist die Koordinate der mittleren Beschleunigung $\vec{a}$ in diesem Zeitintervall,

Δt die Länge des Zeitintervalls,

Δv_x die Änderung der Koordinate der Geschwindigkeit $\vec{v}$ des Körpers in diesem Zeitintervall.

$$\bar{a}_x = \frac{\Delta v_x}{\Delta t}$$

$a_x(t)$ ist die Koordinate der momentanen Beschleunigung $\vec{a}$, die der Körper erfährt, in Abhängigkeit von der Zeit t.

$$a_x(t) = \lim_{\Delta t \to 0} \frac{\Delta v_x}{\Delta t} = \frac{\mathrm{d}}{\mathrm{d}t} v_x(t) = \dot{v}_x(t) = \ddot{x}(t)$$

2.4 Geradlinige Bewegung mit konstanter Beschleunigung

$x(t)$ ist die Koordinate des Ortes $\vec{r}$ des Körpers in Abhängigkeit von der Zeit t,

x_0 die Koordinate des Ortes $\vec{r}$ des Körpers zum Zeitpunkt $t_0 = 0$.

$v_x(t)$ ist die Koordinate der momentanen Geschwindigkeit $\vec{v}$ in Abhängigkeit von der Zeit t,

$$x(t) = x_0 + v_{0,x} \cdot t + \frac{1}{2} a_x \cdot t^2$$
$$v_x(t) = v_{0,x} + a_x \cdot t$$
$$a_x = \text{konst.}$$
$$v_x{}^2 - v_{0,x}{}^2 = 2 a_x (x - x_0)$$

$v_{0,x}$ die Koordinate der Geschwindigkeit $\vec{v}$ zum Zeitpunkt $t_0 = 0$,

a_x die Koordinate der konstanten Beschleunigung $\vec{a}$, die der Körper erfährt.

3   Newton'sche Gesetze

3.1   Trägheitssatz (1. Newton'sches Gesetz)

Ist die Summe aller an einem Körper angreifenden Kräfte gleich Null, so bleibt der Körper im Zustand der Ruhe oder bewegt sich mit konstanter Geschwindigkeit weiter.

3.2   Grundgesetz der Mechanik (2. Newton'sches Gesetz)

Grundgesetz bei konstanter Masse eines Körpers

$\vec{F}$ ist die resultierende Kraft, die einen Körper beschleunigt,

Δt die Länge des Zeitintervalls, während dessen der Körper beschleunigt wird,

$\Delta \vec{v}$ die Änderung der Geschwindigkeit des Körpers im Zeitintervall $[t; t + \Delta t]$,

m die konstante Masse des Körpers,

$\vec{a}$ die Beschleunigung, die der Körper erfährt.

$$\vec{F} = m \cdot \vec{a}$$
$$\vec{F} \cdot \Delta t = m \cdot \Delta \vec{v}$$

Verallgemeinerung des Grundgesetzes

$\vec{F}(t)$ ist die resultierende Kraft auf einen Körper in Abhängigkeit von der Zeit t,

$\vec{p}(t)$ der Impuls des Körpers in Abhängigkeit von der Zeit t,

$\dot{\vec{p}}(t)$ die zeitliche Ableitung des Impulses $\vec{p}$ in Abhängigkeit von der Zeit t .

$$\vec{F}(t) = \frac{\mathrm{d}}{\mathrm{d}t}\vec{p}(t) = \dot{\vec{p}}(t)$$

3.3 Wechselwirkungsprinzip (3. Newton'sches Gesetz)

Übt ein Körper K_1 auf einen Körper K_2 eine Kraft $\vec{F}_{12}$ aus, so erfährt umgekehrt auch der Körper K_1 stets eine Kraft $\vec{F}_{21}$, die der Körper K_2 auf ihn ausübt.

Es gilt: $\vec{F}_{12} = -\vec{F}_{21}$

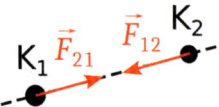

anziehende Kräfte

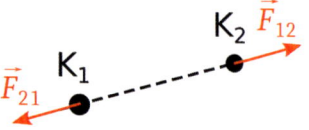

abstoßende Kräfte

3.4 Gravitationsgesetz von Newton

F_G ist der Betrag der Gravitationskraft $\vec{F}_G$, mit der sich die Körper K_1 und K_2 gegenseitig anziehen,

m_1, m_2 sind die Massen der Körper K_1 und K_2,

r ist der Abstand ihrer Massenschwerpunkte,

G die Gravitationskonstante.

$$F_G = G \cdot \frac{m_1 \cdot m_2}{r^2}$$

Physik

Technologie/ Naturwissenschaften

Chemie

Tabellen

Stichwortverzeichnis

4 Arbeit, Energie, Leistung und Wirkungsgrad

4.1 Arbeit

W_{12} ist die Arbeit, die von der konstanten Kraft $\vec{F}$ an einem Körper bei dessen Verschiebung vom Punkt P_1 zum Punkt P_2 verrichtet wird,

$\vec{F}$ die konstante Kraft, durch die der Körper verschoben wird,

$\vec{s}$ der lineare Weg vom Punkt P_1 zum Punkt P_2 ($\vec{s} = \overrightarrow{P_1P_2}$),

α der eingeschlossene Winkel zwischen $\vec{F}$ und $\vec{s}$.

$$W_{12} = \vec{F} \circ \vec{s}$$
$$W_{12} = |\vec{F}| \cdot |\vec{s}| \cdot \cos\alpha$$

W ist die Arbeit, die die konstante Kraft $\vec{F}$ am Körper bei dessen Verschiebung entlang der Strecke $\vec{s}$ verrichtet,

F der Betrag der konstanten Kraft $\vec{F}$ in Richtung der Strecke $\vec{s}$,

s der Betrag der Strecke $\vec{s}$ in Richtung der Kraft $\vec{F}$.

$$W = F \cdot s$$

Ein Körper wird längs der x-Achse eines Koordinatensystems durch eine ortsabhängige Kraft $\vec{F}$ verschoben.

W_{12} ist die Arbeit, die von der Kraft $\vec{F}$ an diesem Körper bei dessen Verschiebung von x_1 nach x_2 verrichtet wird,

x_1 die Koordinate des Ortes des Körpers vor der Verschiebung,

x_2 die Koordinate des Ortes des Körpers nach der Verschiebung,

$F_x(x)$ die x-Koordinate der Kraft $\vec{F}$ in Abhängigkeit von x.

$$W_{12} = \int_{x_1}^{x_2} F_x(x)\,\mathrm{d}x$$

4.2 Mechanische Energie

Arbeit-Energie-Prinzip

W ist die an einem Körper verrichtete Arbeit,

ΔE die Änderung der Gesamtenergie des Körpers.

$$W = \Delta E$$

Kinetische Energie

E_{kin} ist die kinetische Energie eines Körpers,

m die Masse des Körpers,

v der Betrag seiner Geschwindigkeit $\vec{v}$.

$$E_{\text{kin}} = \frac{1}{2} m \cdot v^2$$

Potenzielle Energie der Erdanziehung

E_{pot} ist die potenzielle Energie der Erdanziehung eines Körpers,

m die Masse des Körpers,

h seine Höhe gegenüber dem Bezugsniveau,

g der Ortsfaktor (Betrag der Fallbeschleunigung).

$$E_{\text{pot}} = m \cdot g \cdot h$$

Potenzielle Energie der Elastizität

E_{pot} ist die potenzielle Energie der Elastizität einer Feder,

D die Federkonstante,

s die Dehnung/Stauchung der Feder.

$$E_{\text{pot}} = \frac{1}{2} D \cdot s^2$$

4.3 Energieerhaltungssatz der Mechanik

In einem abgeschlossenen System, in dem keine Reibungskräfte auftreten, bleibt die mechanische Gesamtenergie, d.h. die Summe aus kinetischer und potenzieller Energie, erhalten.

4.4 Mittlere und momentane Leistung

$\bar{P}$ ist die mittlere Leistung,

W die an einem System verrichtete Arbeit,

ΔE die Änderung der Energie nach der Zeitdauer Δt,

Δt die Zeitdauer, während der die Arbeit verrichtet wird.

$$\bar{P} = \frac{W}{\Delta t} = \frac{\Delta E}{\Delta t}$$

$P(t)$ ist die momentane Leistung in Abhängigkeit von der Zeit t.

$$P(t) = \lim_{\Delta t \to 0} \frac{\Delta E}{\Delta t} = \frac{\mathrm{d}}{\mathrm{d}t} E(t) = \dot{E}(t)$$

4.5 Wirkungsgrad einer kontinuierlich arbeitenden Maschine

η ist der Wirkungsgrad einer Maschine,

P_{ab} die von der Maschine abgegebene Leistung (Nutzleistung),

P_{zu} die der Maschine zugeführte Leistung (Eingangsleistung).

$$\eta = \frac{P_{ab}}{P_{zu}}$$

Physik

Technologie/
Naturwissenschaften

Chemie

Tabellen

Stichwortverzeichnis

21

5 Impuls, Kraftstoß, Stoßvorgänge

5.1 Impuls

$\vec{p}$ ist der Impuls eines Körpers,

$\vec{v}$ die Geschwindigkeit des Körpers,

m die Masse des Körpers.

$$\boxed{\vec{p} = m \cdot \vec{v}}$$

5.2 Kraftstoß

Wirkt auf einen Körper eine konstante Kraft $\vec{F}$ und ist Δt die Dauer ihrer Einwirkung, so erfährt der Körper den Kraftstoß $\vec{F} \cdot \Delta t$.

$\vec{F} \cdot \Delta t$ ist der durch eine konstante Kraft $\vec{F}$ in der Zeitdauer Δt auf einen Körper ausgeübte Kraftstoß,

$\Delta\vec{p}$ die Impulsänderung, die der Körper durch diesen Kraftstoß erfährt.

$$\boxed{\vec{F} \cdot \Delta t = \Delta\vec{p}}$$

Verallgemeinerung auf nicht konstante Kräfte

Wirkt auf einen Körper in einem Zeitintervall $[t_1; t_2]$ eine sich mit der Zeit t ändernde Kraft $\vec{F}(t)$, so erfährt der Körper den Kraftstoß $\int\limits_{t_1}^{t_2} \vec{F}(t)\, \mathrm{d}t$.

5.3 Impulserhaltungssatz

In einem abgeschlossenen System bleibt der Gesamtimpuls, d. h. die Summe der Impulse $\vec{p}_i$ aller n zum System gehörenden Körper, erhalten.

$$\boxed{\sum_{i=1}^{n} \vec{p}_i = \overrightarrow{\text{konst.}}}$$

6 Dynamik von Flüssigkeiten und Gasen

6.1 Volumenstrom

Q ist der Volumenstrom bei konstanter Strömungsgeschwindigkeit,

ΔV das Volumen, welches nach der Zeitdauer Δt die Querschnittsfläche A durchströmt hat,

Δt die Zeitdauer.

$$Q = \frac{\Delta V}{\Delta t}$$

6.2 Strömungsgeschwindigkeit

Q ist der Volumenstrom bei konstanter Strömungsgeschwindigkeit,

v der Betrag der konstanten Strömungsgeschwindigkeit $\vec{v}$,

A der Flächeninhalt der Strömungsquerschnittsfläche.

$$Q = v \cdot A$$

6.3 Bernoulligleichung

Für eine reibungsfreie Strömung gilt:

p_{ges} ist der Gesamtdruck,

p der statische Druck,

p_S der Schweredruck,

p_{St} der Staudruck (dynamische Druck).

$$p_{ges} = p + p_S + p_{St} = \text{konst.}$$

p_{St} ist der Staudruck (dynamische Druck),

ρ die Dichte,

v der Betrag der konstanten Strömungsgeschwindigkeit $\vec{v}$.

$$p_{St} = \frac{1}{2}\rho \cdot v^2$$

p_S ist der Schweredruck,

ρ die Dichte,

g der Ortsfaktor (Betrag der Fallbeschleunigung),

h die Höhe gegenüber dem Bezugsniveau.

$$p_S = \rho \cdot g \cdot h$$

7 Kreisbewegung mit konstanter Winkelgeschwindigkeit

7.1 Winkel im Bogenmaß

φ ist ein Winkel im Bogenmaß,

s die Länge des zugehörigen Kreisbogens,

r der Radius des Kreises.

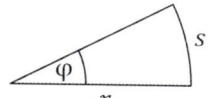

$$\varphi = \frac{s}{r}$$

7.2 Winkelgeschwindigkeit

ω ist die Winkelgeschwindigkeit,

Δt die Länge eines Zeitintervalls,

$\Delta\varphi$ die Änderung des Winkels in diesem Zeitintervall.

$$\omega = \frac{\Delta\varphi}{\Delta t}$$

7.3 Frequenz und Umlaufdauer

f ist die (Umlauf-)Frequenz,

n die Anzahl der Umläufe auf einer Kreisbahn,

Δt die Zeitdauer, die der Körper für n Umläufe benötigt,

T die Zeitdauer, die der Körper für einen Umlauf benötigt (Umlaufdauer).

$$f = \frac{n}{\Delta t}$$

$$T = \frac{1}{f}$$

7.4 Zusammenhänge zwischen Winkelgeschwindigkeit, Frequenz und Umlaufdauer

ω ist die Winkelgeschwindigkeit,

f die Frequenz der Kreisbewegung,

T die zugehörige Umlaufdauer.

$$\omega = 2\pi \cdot f = \frac{2\pi}{T}$$

7.5 Bahngeschwindigkeit

v ist der konstante Betrag der
Bahngeschwindigkeit $\vec{v}$,

r ist der Radius der Kreisbahn,

ω die Winkelgeschwindigkeit,

$\vec{v}(t)$ die Bahngeschwindigkeit in
Abhängigkeit von der Zeit t,

$\vec{r}(t)$ der Ort in Abhängigkeit von der Zeit t.

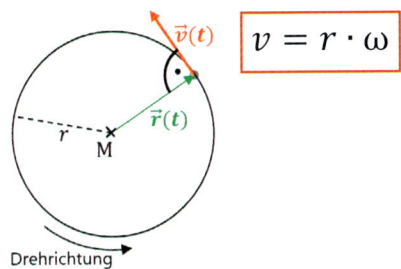

$$v = r \cdot \omega$$

7.6 Zentripetalbeschleunigung und Zentripetalkraft

$\vec{F}_z(t)$ ist die Zentripetalkraft in Abhängigkeit
von der Zeit t,

$\vec{a}_z(t)$ die Zentripetalbeschleunigung in
Abhängigkeit von der Zeit t,

a_z der konstante Betrag der
Zentripetalbeschleunigung $\vec{a}_z$,

F_z der konstante Betrag der
Zentripetalkraft $\vec{F}_z$,

m die Masse eines Körpers,

r der Radius einer Kreisbahn,

ω die Winkelgeschwindigkeit,

v der Betrag der Bahngeschwindigkeit $\vec{v}$.

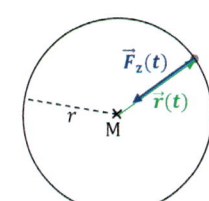

$$\vec{F}_z(t) = m \cdot \vec{a}_z(t)$$

$$a_z = \frac{v^2}{r} = r \cdot \omega^2$$

$$F_z = m \cdot \frac{v^2}{r} = m \cdot r \cdot \omega^2$$

8 Mechanische Schwingungen

8.1 Lineares Kraftgesetz bei einer ungedämpften, harmonischen linearen Schwingung

$F_x(t)$ ist die x-Koordinate der rücktreibenden Kraft $\vec{F}(t)$ in Abhängigkeit von der Zeit t,

D die Richtgröße des schwingungsfähigen Systems,

$x(t)$ die Elongation bezüglich der Ruhelage in Abhängigkeit von der Zeit t.

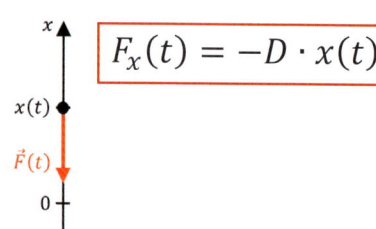

$$F_x(t) = -D \cdot x(t)$$

8.2 Differenzialgleichung einer harmonischen Schwingung

m ist die Masse eines schwingenden Körpers,

$\ddot{x}(t)$ die x-Koordinate der Beschleunigung, die der Körper erfährt, in Abhängigkeit von der Zeit t,

D die Richtgröße des schwingungsfähigen Systems,

$x(t)$ die Elongation in Abhängigkeit von der Zeit t.

$$m \cdot \ddot{x}(t) + D \cdot x(t) = 0$$

8.3 Allgemeine Lösung der Differenzialgleichung einer harmonischen Schwingung

$x(t)$ ist die Elongation in Abhängigkeit von der Zeit t,

$\hat{x}$ die Amplitude der Schwingung,

ω die Kreisfrequenz,

φ_0 die Schwingungsphase zum Zeitpunkt $t_0 = 0$,

T die Periodendauer,

f die Frequenz.

$$x(t) = \hat{x} \cdot \sin(\omega \cdot t + \varphi_0)$$

$$\omega = \frac{2\pi}{T} = 2\pi \cdot f$$

$$f = \frac{1}{T}$$

8.4   Periodendauer einer harmonischen Schwingung

T ist die Periodendauer einer harmonischen Schwingung,

m die Masse des schwingenden Körpers,

D die Richtgröße des schwingungsfähigen Systems.

$$T = 2\pi \cdot \sqrt{\frac{m}{D}}$$

Physik

9 Mechanische Wellen – Akustik

9.1 Fortschreitende Wellen

Betrag der Ausbreitungsgeschwindigkeit einer Welle

c ist der Betrag der Ausbreitungsgeschwindigkeit einer Welle,

f die Frequenz,

λ die Wellenlänge.

$$c = \lambda \cdot f$$

Wellengleichung einer fortschreitenden mechanischen Querwelle

Die Welle schreitet längs der x-Achse eines kartesischen Koordinatensystems in Richtung zunehmender x-Werte fort. Das von der Welle erfasste Teilchen an der Stelle $x_0 = 0$ bewegt sich zum Zeitpunkt $t_0 = 0$ durch die Nulllage in Orientierung der y-Achse.

$y(x; t)$ ist die Elongation eines Teilchens in Abhängigkeit vom Ort x und von der Zeit t,

$\hat{y}$ die Amplitude,

T die Periodendauer der Schwingung des Teilchens,

λ die Wellenlänge.

$$y(x; t) = \hat{y} \cdot \sin\left[2\pi \cdot \left(\frac{t}{T} - \frac{x}{\lambda}\right)\right]$$

Physik

Technologie/ Naturwissenschaften

Chemie

Tabellen

Stichwortverzeichnis

9.2 Interferenz zweier Kreiswellen

Von zwei punktförmigen Erregern E_1 und E_2, die gleichphasig und mit gleicher Amplitude schwingen, gehen Kreiswellen mit gleicher Wellenlänge λ aus.

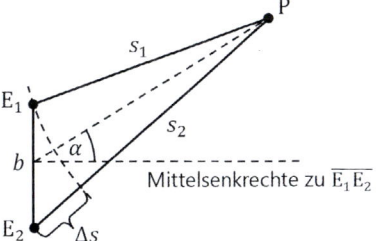

Weglängenunterschied Δs:
$\Delta s = s_2 - s_1$, wobei $s_2 = |\overline{E_2 P}|$ und $s_1 = |\overline{E_1 P}|$.
Ist der Punkt P sehr weit von den beiden Erregern E_1 und E_2 entfernt $(s_1 \gg b$ und $s_2 \gg b)$, so gilt:
$\Delta s \approx b \cdot \sin \alpha$.

Im Punkt P hat die Amplitude der Überlagerungsschwingung ein **Maximum** (konstruktive Interferenz), wenn gilt:

und ein **Minimum** (destruktive Interferenz), wenn gilt:

$$|\Delta s| = k \cdot \lambda$$
$$\text{mit } k = 0,1,2,3, \dots$$

$$|\Delta s| = (2k - 1) \cdot \frac{\lambda}{2}$$
$$\text{mit } k = 1,2,3, \dots$$

Hinweis: Für die Beugung und Interferenz am Doppelspalt (Spaltmittenabstand b) gelten die gleichen Bedingungen für ein Maximum bzw. Minimum der Amplitude der Überlagerungsschwingung in einem Punkt P hinter dem Doppelspalt wie bei der Interferenz zweier Kreiswellen.

Physik

9.3 Beugung und Interferenz am Mehrfachspalt

b ist die Gitterkonstante (Abstand zwischen zwei benachbarten Spaltmitten),

λ die Wellenlänge der einfallenden Welle,

Δs der Weglängenunterschied zwischen benachbarten Teilstrahlen zum unendlich weit entfernten Beobachtungspunkt,

α der Winkel der Teilstrahlen zum Lot auf die Gitterebene.

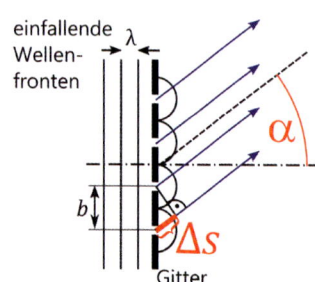

Bedingung für die konstruktive Interferenz aller Teilstrahlen (Hauptmaxima)

α_k sind die Winkel, unter denen jeweils ein Beugungsmaximum beobachtet wird,

k ist die Ordnung des jeweiligen Maximums.

$$|\Delta s| = |b \cdot \sin \alpha_k| = k \cdot \lambda$$
$$\text{mit } k = 0, 1, 2, 3, \ldots$$

9.4 Stehende Wellen

Wellengleichung einer linearen stehenden Querwelle

Eine stehende Welle entlang der x-Achse eines kartesischen Koordinatensystems, bei der sich an der Stelle $x_0 = 0$ einer deren Bäuche (Amplitudenmaximum) befindet und bei der sich das von der Welle erfasste Teilchen an der Stelle $x_0 = 0$ zum Zeitpunkt $t_0 = 0$ durch die Nulllage in Orientierung der y-Achse bewegt, lässt sich durch die folgende Gleichung beschreiben:

$$y(x;t) = \hat{y} \cdot \cos\left(\frac{2\pi}{\lambda} x\right) \cdot \sin\left(\frac{2\pi}{T} t\right)$$

$y(x;t)$ ist die Elongation der Teilchen in Abhängigkeit vom Ort x und von der Zeit t,

$\hat{y}$ die Amplitude,

λ die Wellenlänge,

T die Periodendauer der stehenden Welle.

Momentaufnahmen der durch diese Wellengleichung beschriebenen stehenden Welle für verschiedene Zeitpunkte:

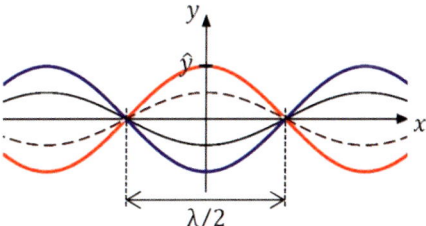

Abstand der Bäuche (bzw. Knoten) einer stehenden Welle

d ist der Abstand zwischen zwei benachbarten Bäuchen (Amplitudenmaxima) bzw. zwischen zwei benachbarten Knoten (Amplitudenminima),

λ die Wellenlänge.

$$d = \frac{\lambda}{2}$$

Physik

Technologie/
Naturwissenschaften

Chemie

Tabellen

Stichwortverzeichnis

Stehende Wellen bei einem beidseitig festen Wellenträger oder bei einem beidseitig offenen Wellenträger

f_k ist die Frequenz der k-ten Oberschwingung,

c der Betrag der Ausbreitungsgeschwindigkeit im Wellenträger,

ℓ die Länge des Wellenträgers.

$$f_k = (k + 1) \cdot \frac{c}{2\ell}$$
$$\text{mit } k = 0,1,2,3, \dots$$

Stehende Wellen bei einem einseitig offenen Wellenträger

f_k ist die Frequenz der k-ten Oberschwingung,

c der Betrag der Ausbreitungsgeschwindigkeit im Wellenträger,

ℓ die Länge des Wellenträgers.

$$f_k = (2k + 1) \cdot \frac{c}{4\ell}$$
$$\text{mit } k = 0,1,2,3, \dots$$

10 Grundlagen der Wärmelehre

10.1 Längen- und Volumenänderungen von Körpern bei Temperaturänderungen

Längenänderung fester Körper bei Temperaturänderung

Unter der Voraussetzung, dass sich ein fester Körper frei ausdehnen kann, gilt:

ℓ_2 ist die Länge des Körpers mit der Temperatur T_2,

ℓ_1 dessen Länge bei der Temperatur T_1,

α der Längenausdehnungskoeffizient,

ΔT die Temperaturänderung ($\Delta T = T_2 - T_1$).

$$\ell_2 = \ell_1 \cdot (1 + \alpha \cdot \Delta T)$$

Volumenänderung fester, flüssiger und gasförmiger Körper bei Temperaturänderung

Unter der Voraussetzung, dass sich ein Körper frei ausdehnen kann, gilt:

V_2 ist das Volumen des Körpers mit der Temperatur T_2,

V_1 dessen Volumen bei der Temperatur T_1,

γ der Volumenausdehnungskoeffizient,

ΔT die Temperaturänderung ($\Delta T = T_2 - T_1$) bei konstantem Druck.

$$V_2 = V_1 \cdot (1 + \gamma \cdot \Delta T)$$

Für feste Körper gilt:

$$\gamma = 3\alpha$$

Für ein ideales Gas gilt:

$$\gamma = \frac{1}{273{,}15} \cdot K^{-1}$$

Physik

Technologie/ Naturwissenschaften

Chemie

Tabellen

Stichwortverzeichnis

33

10.2 Zustandsgleichung eines idealen Gases

Der Zustand eines eingeschlossenen Gases ist durch die Zustandsgrößen Volumen V, Druck p und Temperatur T bestimmt.

Bei einer Zustandsänderung gilt:

$$\frac{p \cdot V}{T} = \text{konst.}$$

Somit gilt für die Zustandsgrößen eines solchen Gases in zwei unterschiedlichen Zuständen 1 und 2:

$$\frac{p_1 \cdot V_1}{T_1} = \frac{p_2 \cdot V_2}{T_2}$$

Spezialfälle:

Gesetz von Boyle-Mariotte
Die Temperatur T des eingeschlossenen Gases bleibt bei dieser Zustandsänderung konstant (**isotherme** Zustandsänderung).

Gesetz von Gay-Lussac
Der Druck p des eingeschlossenen Gases bleibt bei dieser Zustandsänderung konstant (**isobare** Zustandsänderung).

Gesetz von Amontons
Das Volumen V des eingeschlossenen Gases bleibt bei dieser Zustandsänderung konstant (**isochore** Zustandsänderung).

10.3 Wärme und Wärmekapazität

Wärme

Die Wärme Q ist ein Maß für die Energie, die von einem Körper (fest, flüssig, gasförmig) höherer Temperatur auf einen Körper niedrigerer Temperatur übertragen wird.

Spezifische Wärmekapazität

c ist die spezifische Wärmekapazität eines Stoffes (Materials), aus dem ein Körper besteht,

Q die von dem Körper aufgenommene oder abgegebene Wärme,

$$c = \frac{Q}{m \cdot \Delta T}$$

ΔT die dadurch verursachte Temperaturänderung,

m die Masse des Körpers.

11 Grundlagen der Elektrizitätslehre

11.1 Elektrische Stromstärke

$\bar{I}$ ist die mittlere Stromstärke in einem Leiter,

Δt die Länge eines Zeitintervalls,

ΔQ die elektrische Ladung, die in diesem Zeitintervall durch den Querschnitt des Leiters fließt,

$I(t)$ die Stromstärke in diesem Leiter in Abhängigkeit von der Zeit t.

$$\bar{I} = \frac{\Delta Q}{\Delta t}$$

$$I(t) = \lim_{\Delta t \to 0} \frac{\Delta Q}{\Delta t} = \frac{\mathrm{d}}{\mathrm{d}t} Q(t) = \dot{Q}(t)$$

11.2 Elektrischer Widerstand

R ist der elektrische Widerstand (Leitungswiderstand),

U die am Leiter anliegende elektrische Spannung,

I die Stromstärke im Leiter.

$$R = \frac{U}{I}$$

Ohm'sches Gesetz

Für viele metallische Leiter gilt bei konstanter Temperatur: $R = \mathrm{konst.}$
Einen solchen Leiter nennt man Ohm'schen Widerstand.

11.3 Elektrische Arbeit und Leistung eines konstanten Gleichstroms

W_{el} ist die während der Zeitdauer Δt verrichtete elektrische Arbeit,

U die an einem Leiter anliegende Spannung,

I die konstante Stromstärke im Leiter,

Δt die Zeitdauer, während der die elektrische Arbeit verrichtet wird,

P_{el} die elektrische Leistung.

$$W_{el} = U \cdot I \cdot \Delta t$$

$$P_{el} = U \cdot I$$

35

11.4 Reihen- und Parallelschaltung elektrischer Widerstände

$R_1, ..., R_n$ sind die Einzelwiderstände,

$U_1, ..., U_n$ die an den Widerständen $R_1, ..., R_n$ abfallenden Spannungen,

$I_1, ..., I_n$ die Stromstärken in den Widerständen $R_1, ..., R_n$,

R der Gesamtwiderstand der Schaltung,

U die anliegende Gesamtspannung,

I die Gesamtstromstärke.

Reihenschaltung

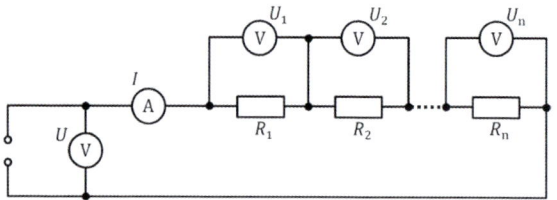

$$U = \sum_{i=1}^{n} U_i$$

$$R = \sum_{i=1}^{n} R_i$$

$$I = I_1 = I_2 = \cdots = I_n$$

Parallelschaltung

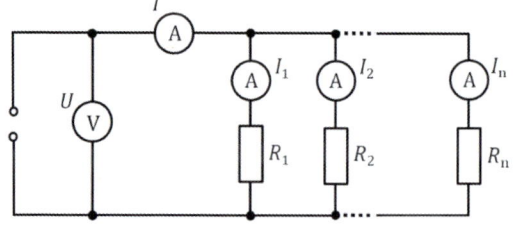

$$I = \sum_{i=1}^{n} I_i$$

$$\frac{1}{R} = \sum_{i=1}^{n} \frac{1}{R_i}$$

$$U = U_1 = U_2 = \cdots = U_n$$

12 Elektrisches Feld

12.1 Coulomb-Gesetz

Q_1, Q_2 sind zwei Punktladungen,

r ist der Abstand dieser Punktladungen,

ε_0 die elektrische Feldkonstante,

$$F = \frac{1}{4\pi\varepsilon_0} \cdot \frac{|Q_1 \cdot Q_2|}{r^2}$$

F der Betrag der elektrischen Kräfte (Coulombkräfte), die die beiden Punktladungen aufeinander ausüben.
$Q_1 Q_2 > 0$: Kräfte wirken abstoßend.
$Q_1 Q_2 < 0$: Kräfte wirken anziehend.

12.2 Elektrische Feldstärke, Spannung und Potenzial

Elektrische Feldstärke

$\vec{E}$ ist die elektrische Feldstärke,

q eine Probeladung,

$\vec{F}$ die auf die Probeladung wirkende elektrische Feldkraft.

$$\vec{E} = \frac{\vec{F}}{q}$$

Elektrische Spannung

U_{12} ist die elektrische Spannung zwischen einem Punkt P_1 und einem Punkt P_2 im elektrischen Feld,

q eine Probeladung,

W_{12} die Arbeit, die von der Feldkraft $\vec{F} = q \cdot \vec{E}$ beim Verschieben der Probeladung von P_1 nach P_2 verrichtet wird.

$$U_{12} = \frac{W_{12}}{q}$$

Elektrisches Potenzial

φ ist das elektrische Potenzial in einem Punkt P in Bezug auf einen beliebig gewählten Bezugspunkt P_0 mit dem Potenzial $\varphi_0 = 0$,

q eine Probeladung,

W die Arbeit, die von der Feldkraft $\vec{F} = q \cdot \vec{E}$ beim Verschieben der Probeladung von P nach P_0 verrichtet wird.

$$\varphi = \frac{W}{q}$$

Physik

Technologie/
Naturwissenschaften

Chemie

Tabellen

Stichwortverzeichnis

Zusammenhang zwischen elektrischer Spannung und elektrischem Potenzial

U_{12} ist die elektrische Spannung zwischen einem Punkt P_1 und einem Punkt P_2,

φ_1 das elektrische Potenzial in P_1,

φ_2 das elektrische Potenzial in P_2 in Bezug auf einen gemeinsamen Bezugspunkt P_0 mit dem Potenzial $\varphi_0 = 0$.

$$U_{12} = \varphi_1 - \varphi_2$$

12.3 Elektrische Feldstärke im radialsymmetrischen elektrischen Feld einer Punktladung (Coulomb-Feld)

E ist der Betrag der elektrischen Feldstärke $\vec{E}$ in einem Punkt P,

Q eine Punktladung, die ein radialsymmetrisches elektrisches Feld erzeugt,

r der Abstand des Punkts P von dieser Punktladung,

ε_0 die elektrische Feldkonstante.

$$E = \frac{1}{4\pi\varepsilon_0} \cdot \frac{|Q|}{r^2}$$

12.4 Homogenes elektrisches Feld eines Plattenkondensators

Elektrische Feldstärke im homogenen Feld eines Plattenkondensators

E ist der Betrag der elektrischen Feldstärke $\vec{E}$,

U die Spannung zwischen den beiden Kondensatorplatten,

d der Plattenabstand.

$$E = \frac{U}{d}$$

12.5 Kondensator

Kapazität eines Kondensators

C ist die Kapazität eines Kondensators,

Q die im Kondensator gespeicherte Ladung,

U die Spannung am Kondensator.

$$C = \frac{Q}{U}$$

Kapazität eines Plattenkondensators

C ist die Kapazität eines Plattenkondensators,

A der Flächeninhalt einer Kondensatorplatte,

d der Plattenabstand,

ε_0 die elektrische Feldkonstante,

ε_r die Permittivitätszahl (für Vakuum gilt: $\varepsilon_r = 1$).

$$C = \varepsilon_0 \varepsilon_r \cdot \frac{A}{d}$$

Energieinhalt des elektrischen Felds eines geladenen Kondensators

W_{el} ist die im elektrischen Feld eines Kondensators gespeicherte Energie,

C die Kapazität des Kondensators,

U die Spannung am Kondensator.

$$W_{el} = \frac{1}{2} C \cdot U^2$$

Physik

Technologie/
Naturwissenschaften

Chemie

Tabellen

Stichwortverzeichnis

13 Magnetisches Feld und Induktion

13.1 Kraft auf einen stromdurchflossenen, geraden Leiter im homogenen Magnetfeld

$\vec{F}$ ist die magnetische Kraft mit dem Betrag F auf ein gerades Leiterstück der Länge ℓ,

I die Stromstärke in diesem Leiterstück,

$\vec{\ell}$ der Vektor mit dem Betrag ℓ, der in technischer Stromrichtung orientiert ist,

$\vec{B}$ die magnetische Flussdichte des homogenen Magnetfelds mit dem Betrag B.

$$\vec{F} = I \cdot \vec{\ell} \times \vec{B}$$

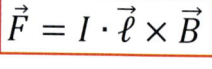

technische Stromrichtung

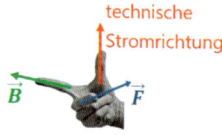

Sonderfall $\vec{\ell} \perp \vec{B}$:

$$F = I \cdot \ell \cdot B$$

13.2 Magnetische Flussdichte in einer lang gestreckten, stromdurchflossenen Spule

B ist der Betrag der magnetischen Flussdichte $\vec{B}$,

μ_0 die magnetische Feldkonstante,

μ_r die Permeabilitätszahl,

N die Windungszahl,

ℓ die Länge der Spule,

I die Stärke des Stroms durch die Spule.

$$B = \mu_0 \mu_r \cdot \frac{N}{\ell} \cdot I$$

13.3 Kraft auf ein geladenes Teilchen im homogenen Magnetfeld (Lorentzkraft)

$\vec{F}_L$ ist die Lorentzkraft mit dem Betrag F_L,

q die Ladung des Teilchens,

$\vec{v}$ dessen Geschwindigkeit mit dem Betrag v,

$\vec{B}$ die magnetische Flussdichte des homogenen Magnetfelds mit dem Betrag B.

$$\vec{F}_L = q \cdot \vec{v} \times \vec{B}$$

Sonderfall $\vec{v} \perp \vec{B}$:

$$F_L = |q| \cdot v \cdot B$$

13.4 Magnetische Induktion

Magnetischer Fluss

$\vec{B}$ ist die magnetische Flussdichte eines homogenen Magnetfelds mit dem Betrag B,

$$\Phi = \vec{B} \circ \vec{A}$$

$\vec{A}$ der Normalenvektor eines ebenen Flächenstücks mit dem Betrag A, welcher gleich dem Inhalt des Flächenstücks ist,

Φ der magnetische Fluss durch dieses Flächenstück.

Sonderfall $\vec{B} \parallel \vec{A}$:

$$\Phi = B \cdot A$$

Magnetischer Fluss durch eine rotierende Leiterschleife im homogenen Magnetfeld

$\vec{B}$ ist die magnetische Flussdichte mit dem Betrag B,

A_0 der Inhalt der von der Leiterschleife eingeschlossenen Fläche,

ω die Winkelgeschwindigkeit der Rotation,

φ_0 der Winkel zwischen der Lotebene zu $\vec{B}$ und der Leiterschleife zum Zeitpunkt $t_0 = 0$.

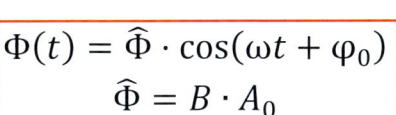

$\Phi(t)$ ist der magnetische Fluss in Abhängigkeit von der Zeit t,

$\widehat{\Phi}$ der maximale Fluss durch die Leiterschleife.

$$\Phi(t) = \widehat{\Phi} \cdot \cos(\omega t + \varphi_0)$$
$$\widehat{\Phi} = B \cdot A_0$$

Induktionsgesetz

$U_i(t)$ ist die in einer Spule induzierte Spannung in Abhängigkeit von der Zeit t,

N_i die Windungszahl dieser Spule,

$\dot{\Phi}(t)$ die zeitliche Ableitung des magnetischen Flusses Φ durch die Spule in Abhängigkeit von der Zeit t.

$$U_i(t) = -N_i \cdot \dot{\Phi}(t)$$

13.5 Spule im Stromkreis

Induktivität einer Spule

L ist die Induktivität einer Spule,

$U_i(t)$ die in dieser Spule durch die Stromstärkeänderung hervorgerufene Induktionsspannung (Selbstinduktionsspannung) in Abhängigkeit von der Zeit t,

$\dot{I}(t)$ die zeitliche Ableitung der Stärke I des Stroms durch die Spule in Abhängigkeit von der Zeit t.

$$L = -\frac{U_i(t)}{\dot{I}(t)}$$

Induktivität einer lang gestreckten Spule

L ist die Induktivität der Spule,

μ_0 die magnetische Feldkonstante,

μ_r die Permeabilitätszahl,

N die Windungszahl,

ℓ die Länge,

A der Flächeninhalt der Querschnittsfläche der Spule.

$$L = \mu_0 \cdot \mu_r \cdot A \cdot \frac{N^2}{\ell}$$

Energieinhalt des magnetischen Felds einer stromdurchflossenen Spule

W_m ist die im Magnetfeld einer Spule gespeicherte Energie,

L die Induktivität der Spule,

I die Stärke des durch die Spule fließenden Stroms.

$$W_m = \frac{1}{2} L \cdot I^2$$

14   Elektromagnetischer Schwingkreis

14.1 Differenzialgleichung einer ungedämpften elektromagnetischen Schwingung

C ist die Kapazität des Kondensators,

L die Induktivität der Spule,

$Q(t)$ die Ladung des Kondensators in Abhängigkeit von der Zeit t,

$\ddot{Q}(t)$ die zweite zeitliche Ableitung der Ladung Q in Abhängigkeit von der Zeit t.

$$\frac{1}{C} \cdot Q(t) + L \cdot \ddot{Q}(t) = 0$$

14.2 Allgemeine Lösung der Differenzialgleichung der ungedämpften elektromagnetischen Schwingung

$Q(t)$ ist die Ladung des Kondensators in Abhängigkeit von der Zeit t,

$\hat{Q}$ der maximale Betrag der Ladung Q des Kondensators,

ω die Kreisfrequenz,

φ_0 die (Schwingungs-)Phase zum Zeitpunkt $t_0 = 0$.

$$Q(t) = \hat{Q} \cdot \sin(\omega t + \varphi_0)$$

14.3 Thomson-Gleichung für die Periodendauer der ungedämpften elektromagnetischen Schwingung

T ist die Periodendauer der ungedämpften elektromagnetischen Schwingung,

L die Induktivität der Spule,

C die Kapazität des Kondensators.

$$T = 2\pi \cdot \sqrt{L \cdot C}$$

15 Elektromagnetische Wellen

15.1 Fortschreitende, linear polarisierte elektromagnetische Welle im Vakuum

$\vec{E}(x;t)$ ist die elektrische Feldstärke $\vec{E}$ in Abhängigkeit vom Ort x und von der Zeit t,

$\vec{B}(x;t)$ die magnetische Flussdichte $\vec{B}$ in Abhängigkeit vom Ort x und von der Zeit t,

$\vec{c}$ die Ausbreitungsgeschwindigkeit (Vakuumlichtgeschwindigkeit).

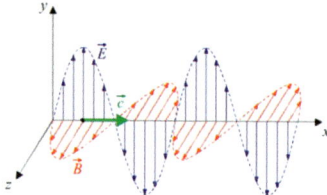

Ausbreitungsgeschwindigkeit

c ist der Betrag der Ausbreitungsgeschwindigkeit (Vakuumlichtgeschwindigkeit) $\vec{c}$,

λ die Wellenlänge,

f die Frequenz,

T die Periodendauer.

$$c = \lambda \cdot f = \frac{\lambda}{T}$$

Ausbreitungsgeschwindigkeit im Vakuum

c ist der Betrag der Ausbreitungsgeschwindigkeit (Vakuumlichtgeschwindigkeit) $\vec{c}$,

ε_0 die elektrische Feldkonstante,

μ_0 die magnetische Feldkonstante.

$$c = \frac{1}{\sqrt{\varepsilon_0 \cdot \mu_0}}$$

Ausbreitungsgeschwindigkeit in einem nicht absorbierenden Medium

c_M ist der Betrag der Ausbreitungsgeschwindigkeit $\vec{c}_M$ in einem Medium,

ε_r die (frequenzabhängige) Permittivitätszahl (dielektrische Funktion),

μ_r die Permeabilitätszahl (für Licht gilt bei nicht magnetischen Materialien $\mu_r \approx 1$).

$$c_M = \frac{1}{\sqrt{\varepsilon_r \cdot \mu_r \cdot \varepsilon_0 \cdot \mu_0}}$$

Ausbreitungsgeschwindigkeit und Brechungsindex

c_M ist der Betrag der Ausbreitungsgeschwindigkeit $\vec{c}_M$ in einem Medium,

c der Betrag der Ausbreitungsgeschwindigkeit $\vec{c}$ im Vakuum (Vakuumlichtgeschwindigkeit),

n der Brechungsindex des Mediums.

$$c_M = \frac{c}{n}$$

Freie elektromagnetische Welle mit ebenen Wellenfronten

Eine in y-Richtung linear polarisierte, elektromagnetische Welle breitet sich längs der x-Achse eines kartesischen Koordinatensystems in Orientierung der x-Achse aus.

$$E(x; t) = \hat{E} \cdot \sin\left[2\pi \cdot \left(\frac{t}{T} - \frac{x}{\lambda}\right)\right]$$

$E(x; t)$ ist die y-Koordinate der elektrischen Feldstärke $\vec{E}$ in Abhängigkeit vom Ort x und von der Zeit t,

$\hat{E}$ der maximale Betrag der elektrischen Feldstärke,

T die Periodendauer,

λ die Wellenlänge.

$$B(x; t) = \hat{B} \cdot \sin\left[2\pi \cdot \left(\frac{t}{T} - \frac{x}{\lambda}\right)\right]$$

$B(x; t)$ ist die y-Koordinate der magnetischen Flussdichte $\vec{B}$ in Abhängigkeit vom Ort x und von der Zeit t,

$\hat{B}$ der maximale Betrag der magnetischen Flussdichte.

Physik

Technologie/ Naturwissenschaften

Chemie

Tabellen

Stichwortverzeichnis

15.2 Dipolschwingungen

Frequenz der k-ten Oberschwingung eines Dipols

f_k ist die Frequenz der k-ten Oberschwingung,

f_0 die Frequenz der Grundschwingung,

c der Betrag der Vakuumlichtgeschwindigkeit $\vec{c}$,

ℓ die Länge des Dipols.

$$f_k = (k + 1) \cdot \frac{c}{2\ell}$$
$$k = 0, 1, 2, 3, \ldots$$

16 Geometrische Optik

16.1 Reflexion und Brechung

α ist der Einfallswinkel,

α' der Reflexionswinkel,

β der Brechungswinkel.

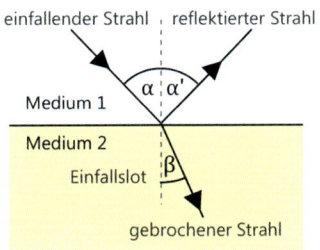

Reflexionsgesetz

$$\alpha = \alpha'$$

Brechungsgesetz

n_1 ist die Brechzahl des Mediums 1,

n_2 die Brechzahl des Mediums 2.

$$n_1 \cdot \sin\alpha = n_2 \cdot \sin\beta$$

16.2 Abbildungsgleichungen für dünne Linsen

F_1, F_2 sind die Brennpunkte der Linse,

f ist die Brennweite der Linse,

G die Gegenstandsgröße,

g die Gegenstandsweite,

B die Bildgröße,

b die Bildweite.

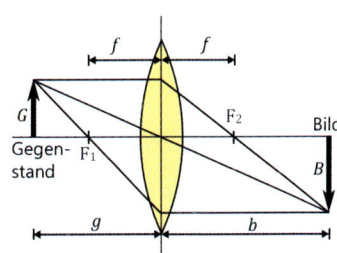

$$\frac{G}{B} = \frac{g}{b} \qquad \frac{1}{f} = \frac{1}{g} + \frac{1}{b}$$

Physik

47

17 Spezielle Relativitätstheorie

17.1 Lorentzfaktor

γ ist der Lorentzfaktor,

v der Betrag der Geschwindigkeit $\vec{v}$,

c der Betrag der Vakuumlichtgeschwindigkeit $\vec{c}$.

$$\gamma = \frac{1}{\sqrt{1 - \left(\frac{v}{c}\right)^2}}$$

17.2 Geschwindigkeitsabhängigkeit der Masse

m ist die relativistische Masse,

γ der Lorentzfaktor,

m_0 die Ruhemasse.

$$m = \gamma \cdot m_0$$

17.3 Relativistischer Impuls

p ist der Betrag des Impulses $\vec{p}$,

m die relativistische Masse,

v der Betrag der Geschwindigkeit $\vec{v}$,

γ der Lorentzfaktor,

m_0 die Ruhemasse.

$$p = m \cdot v = \gamma \cdot m_0 \cdot v$$

17.4 Relativistische Energie

E_0 ist die Ruheenergie,

E die Gesamtenergie,

E_{kin} die kinetische Energie,

m_0 die Ruhemasse,

m die relativistische Masse,

c der Betrag der Vakuumlichtgeschwindigkeit $\vec{c}$.

$$E_0 = m_0 \cdot c^2$$
$$E = m \cdot c^2$$
$$E_{kin} = E - E_0$$

Beziehung zwischen dem relativistischen Impuls und der relativistischen Energie

E ist die Gesamtenergie,

E_0 die Ruheenergie,

c der Betrag der Vakuumlichtgeschwindigkeit $\vec{c}$,

p der Betrag des relativistischen Impulses $\vec{p}$.

$$E^2 = E_0{}^2 + c^2 p^2$$

Physik

18 Quantenphysik

18.1 Photonen

Energie eines Photons

E_{Ph} ist die Energie eines Photons,

h das Planck'sche Wirkungsquantum,

f die Frequenz der elektromagnetischen Strahlung.

$$E_{Ph} = h \cdot f$$

Impuls eines Photons

p ist der Betrag des Impulses $\vec{p}$ eines Photons,

h das Planck'sche Wirkungsquantum,

f die Frequenz,

c der Betrag der Vakuumlichtgeschwindigkeit $\vec{c}$,

λ die Wellenlänge der elektromagnetischen Strahlung.

$$p = \frac{h \cdot f}{c} = \frac{h}{\lambda}$$

Masse eines Photons

m ist die Masse eines Photons,

h das Planck'sche Wirkungsquantum,

f die Frequenz der elektromagnetischen Strahlung,

c der Betrag der Vakuumlichtgeschwindigkeit $\vec{c}$.

$$m = \frac{h \cdot f}{c^2}$$

18.2 Äußerer lichtelektrischer Effekt (Einstein-Gleichung)

$E_{kin,max}$ ist die maximale kinetische Energie der aus dem Material ausgelösten Fotoelektronen,

h das Planck'sche Wirkungsquantum,

f die Frequenz der auf die Materie einfallenden elektromagnetischen Strahlung,

W die materialabhängige Austrittsarbeit.

$$E_{kin,max} = h \cdot f - W$$

18.3 Wellenlänge einer Materiewelle (de Broglie-Welle)

λ ist die Wellenlänge einer Materiewelle,

h das Planck'sche Wirkungsquantum,

p der Betrag des Impulses $\vec{p}$ der Teilchen.

$$\lambda = \frac{h}{p}$$

18.4 Heisenberg'sche Unbestimmtheitsrelation (Unschärferelation)

Δx ist die Unbestimmtheit der x-Koordinate des Ortes $\vec{r}$ eines Teilchens,

Δp_x die Unbestimmtheit der x-Koordinate des Impulses $\vec{p}$ des Teilchens,

h das Planck'sche Wirkungsquantum.

$$\Delta x \cdot \Delta p_x \geq \frac{h}{2\pi}$$

18.5 Eindimensionale, zeitunabhängige Schrödingergleichung

$\psi(x)$ ist die zeitunabhängige Wellenfunktion (ψ-Funktion) eines Teilchens in Abhängigkeit von x,

$$\psi''(x) + \frac{8\pi^2 m}{h^2} \cdot \left(E - V(x) \right) \cdot \psi(x) = 0$$

$\psi''(x)$ die zweite Ableitung der Wellenfunktion ψ nach x,

E die Gesamtenergie des Teilchens,

$V(x)$ die Potenzialfunktion in Abhängigkeit von x,

m die Masse des Teilchens,

h das Planck'sche Wirkungsquantum.

19 Atomphysik

19.1 Energiestufen des Elektrons im Wasserstoffatom

E_n ist die Gesamtenergie eines Elektrons auf der Energiestufe mit der Quantenzahl n, wobei die potenzielle Energie des Elektrons in unendlich großer Entfernung vom Kern gleich Null ist,

$$E_n = -R_H \cdot h \cdot c \cdot \frac{1}{n^2}$$
$$\text{mit } n = 1, 2, 3 \ldots$$

R_H die Rydberg-Konstante für das Wasserstoffatom,

h das Planck'sche Wirkungsquantum,

c der Betrag der Vakuumlichtgeschwindigkeit $\vec{c}$,

n die (Haupt-)Quantenzahl der Energiestufe.

19.2 Allgemeine Serienformel für das Linienspektrum im Wasserstoffatom

λ ist die Wellenlänge der emittierten elektromagnetischen Strahlung,

$$\frac{1}{\lambda} = R_H \cdot \left(\frac{1}{n^2} - \frac{1}{m^2} \right)$$

R_H die Rydberg-Konstante für das Wasserstoffatom,

n, m sind die Quantenzahlen der Energiestufen im Wasserstoffatom mit $m > n$.

19.3 Moseley-Gesetz für die K_α-Linie im Röntgenspektrum

λ ist die Wellenlänge der emittierten Röntgenstrahlung,

$$\frac{1}{\lambda} = \frac{3}{4} R \cdot (Z - 1)^2$$

R die Rydberg-Konstante,

Z die Ordnungszahl des Anodenmaterials der Röntgenröhre.

19.4 Bragg-Bedingung für ein Kristallgitter

d ist der Netzebenenabstand,

ϑ der Glanzwinkel, unter dem alle reflektierten Teilstrahlen konstruktiv interferieren,

Δs der Gangunterschied zwischen den an benachbarten Netzebenen reflektierten Teilstrahlen.

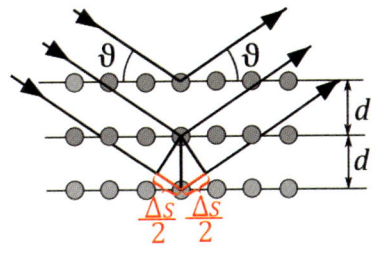

$$\Delta s = \mathrm{k} \cdot \lambda = 2d \cdot \sin \vartheta$$
$$\text{mit } \mathrm{k} = 1, 2, 3 \dots$$

20 Kernphysik

20.1 Berechnung des Massendefekts eines Atomkerns aus Atommassen

$$B = Z \cdot m_A(^1_1H) + (A - Z) \cdot m_n - m_A(^A_ZX)$$

B ist der Massendefekt,

Z die Kernladungszahl,

A die Massenzahl,

m_n die Masse eines Neutrons,

$m_A(^1_1H)$ die Atommasse von Wasserstoff,

$m_A(^A_ZX)$ die Masse des Atoms mit dem Kern ^A_ZX.

20.2 Radioaktivität

α-Zerfall:

$$^A_ZX \rightarrow ^{A-4}_{Z-2}Y + ^4_2He$$

β⁻-Zerfall:

$$^A_ZX \rightarrow _{Z+1}^{A}Y + e^- + \bar{\nu}_e$$

β⁺-Zerfall:

$$^A_ZX \rightarrow _{Z-1}^{A}Y + e^+ + \nu_e$$

γ-Übergang:

$$^A_ZX^* \rightarrow ^A_ZX + \gamma$$

Aktivität einer radioaktiven Substanz

$A(t)$ ist die Aktivität der radioaktiven Substanz in Abhängigkeit von der Zeit t,

ΔZ die Anzahl der Zerfälle radioaktiver Atome im Zeitintervall $[t; t + \Delta t]$,

$\dot{Z}(t)$ die Zerfallsrate in Abhängigkeit von der Zeit t.

$$A(t) = \lim_{\Delta t \to 0} \frac{\Delta Z}{\Delta t} = \frac{\mathrm{d}}{\mathrm{d}t} Z(t) = \dot{Z}(t)$$

Zerfallsgesetz

$N(t)$ ist die Anzahl der noch nicht zerfallenen Kerne in Abhängigkeit von der Zeit t,

N_0 die Anzahl der zum Zeitpunkt $t_0 = 0$ vorhandenen radioaktiven Kerne,

λ die Zerfallskonstante.

$$N(t) = N_0 \cdot e^{-\lambda t}$$

Abhängigkeit der Aktivität von der Zeit

$A(t)$ ist die Aktivität einer radioaktiven Substanz in Abhängigkeit von der Zeit t,

$N(t)$ die Anzahl der noch nicht zerfallenen radioaktiven Kerne in Abhängigkeit von der Zeit t,

$\dot{N}(t)$ die Änderungsrate von N in Abhängigkeit von der Zeit t,

λ die Zerfallskonstante.

$$A(t) = \left| \dot{N}(t) \right| = \lambda \cdot N(t)$$

Halbwertszeit

$T_{1/2}$ ist die Halbwertszeit,

λ die Zerfallskonstante.

$$T_{1/2} = \frac{\ln 2}{\lambda}$$

Physik

Technologie/
Naturwissenschaften

Chemie

Tabellen

Stichwortverzeichnis

Physik

Technologie/
Naturwissenschaften

Chemie

Tabellen

Stichwortverzeichnis

Dosimetrie: Energiedosis und Äquivalentdosis

D ist die von einem Körper
aufgenommene Energiedosis,

E die von diesem Körper absorbierte Energie,

m die Masse des Körpers.

$$D = \frac{E}{m}$$

H ist die Äquivalentdosis,

q der biologische Bewertungsfaktor,

D die Energiedosis.

$$H = q \cdot D$$

Technologie/ Naturwissenschaften

1 Technische Mechanik – Statik

1.1 Grundgleichungen

Ein starrer Körper ist im Gleichgewicht, wenn alle am Körper angreifende Kräfte und Momente sich gegenseitig aufheben. Es gilt im kartesischen Koordinatensystem:

allgemeines ebenes Kräftesystem:

$$\Sigma F_x = 0 \quad \Sigma F_y = 0 \quad \Sigma M = 0$$

allgemeines räumliches Kräftesystem:

$$\Sigma F_x = 0 \quad \Sigma F_y = 0 \quad \Sigma F_z = 0$$
$$\Sigma M_x = 0 \quad \Sigma M_y = 0 \quad \Sigma M_z = 0$$

1.2 Kräftezerlegung in zueinander senkrechten Komponenten

F_x ist der Betrag der Kraftkomponente $\vec{F}_x$,

F_y der Betrag der Kraftkomponente $\vec{F}_y$,

α die Richtung der Kraft $\vec{F}$,

F der Betrag der Kraft $\vec{F}$.

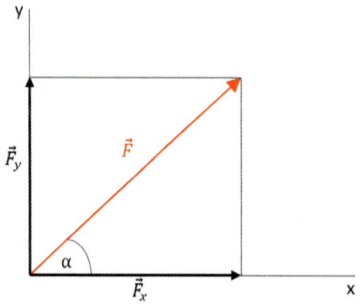

$$F_x = F \cdot \cos\alpha$$

$$F_y = F \cdot \sin\alpha$$

$$F = \sqrt{F_x{}^2 + F_y{}^2}$$

$$\alpha = \arctan\left(\frac{F_y}{F_x}\right)$$

1.3 Ersatzkraft und Ersatzmoment bei Einzelkräften

$\vec{F}_R$ ist die resultierende Ersatzkraft des allgemeinen Kräftesystems,

$\vec{F}_i$ die i-te Einzelkraft dieses Systems.

M_R ist das resultierende Moment des ebenen Kraftsystems,

M_i das i-te Moment dieses Systems.

$$\vec{F}_R = \sum_{i=1}^{n} \vec{F}_i$$

$$M_R = \sum_{i=1}^{n} M_i$$

1.4 Ersatzkraft bei Streckenlasten

F_R ist der Betrag der resultierenden Ersatzkraft,

q_0 der Betrag der zugehörigen konstanten Streckenlast,

a die Länge der Belastung.

$$F_R = q_0 \cdot a$$

F_R ist der Betrag der resultierenden Ersatzkraft,

q_{max} der maximale Betrag der linearen Streckenlast,

a die Länge der Belastung.

$$F_R = \frac{1}{2} \cdot (q_{max} \cdot a)$$

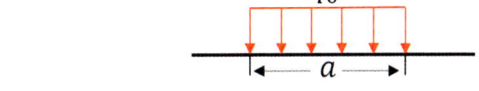

F_R ist der Betrag der resultierenden Ersatzkraft,

L die Länge der Belastung,

$q(x)$ der Betrag der allgemeinen Streckenlast.

$$F_R = \int_{(L)} q(x)\,dx$$

1.5 Kräftepaare

M ist der Betrag des Moments,

F der Betrag der zugehörigen Kraft $\vec{F}$,

d der Abstand betragsgleicher entgegengesetzt wirkender paralleler Kräfte.

$$M = F \cdot d$$

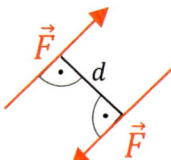

1.6 Statische Bestimmtheit ebener Kräftesysteme

n ist der Grad der statischen Bestimmtheit,

a die Anzahl der Auflagerreaktionen,

z die Anzahl der Zwischenreaktionen,

p die Anzahl der starren Scheiben.

$$n = a + z - 3 \cdot p$$

1.7 Statische Bestimmtheit ebener Fachwerke

s ist die Anzahl der Fachwerkstäbe,

k die Anzahl der Knotenpunkte des ebenen Fachwerks.

$$s = 2k - 3$$

2 Technische Mechanik – Festigkeitslehre

2.1 Zug- und Druckbeanspruchung

Die Gleichungen gelten entsprechend auch für Druckbeanspruchung.

σ_z ist die Zugspannung (= Normalspannung),

F_z der Betrag der äußeren Zugkraft (= Normalkraft),

S der Flächeninhalt des Profilquerschnitts.

$$\sigma_z = \frac{F_z}{S}$$

ε ist die Dehnung bei Zugbeanspruchung,

Δl die zugehörige Verlängerung,

l_0 die Anfangslänge.

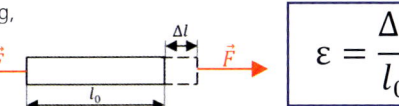

$$\varepsilon = \frac{\Delta l}{l_0}$$

σ_z ist die Zugspannung (= Normalspannung),

ε die Dehnung,

E der Elastizitätsmodul des verwendeten Werkstoffs.

$$\sigma_z = \varepsilon \cdot E$$

l_r ist die Reißlänge,

R_m die Zugfestigkeit des verwendeten Werkstoffs,

ρ die Dichte des verwendeten Werkstoffs,

g der Ortsfaktor.

$$l_r = \frac{R_m}{\rho \cdot g}$$

$\sigma_{z,zul}$ ist die zulässige Zugspannung,

R_e die Streckgrenze des verwendeten Werkstoffs,

ν die Sicherheitszahl.

$$\sigma_{z,zul} = \frac{R_e}{\nu}$$

Regel: Bei statischer Belastung gilt für zähe Werkstoffe: $\sigma_{z,zul} \approx (0{,}4 \text{ bis } 0{,}6) \cdot R_m$

2.2 Scherbeanspruchung

τ_a ist die Abscherspannung (= Schubspannung),

F_a der Betrag der äußeren Scherkraft,

S der Flächeninhalt des Scherquerschnitts.

$$\tau_a = \frac{F_a}{S}$$

τ_a ist die Abscherspannung (= Schubspannung),

γ die Gleitung,

G der Schubmodul des verwendeten Werkstoffs (andere übliche Bezeichnung: Gleitmodul).

$$\tau_a = \gamma \cdot G$$

Für die meisten Metalle gilt:

$$G = 0{,}385 \cdot E$$

Bruchscherfestigkeit für Stahl:

$$\tau_{aB} \approx 0{,}85 \cdot R_m$$

2.3 Biegebeanspruchung

σ_b ist die Biegespannung,

$M_b(x)$ das Biegemoment an der Stelle x,

W das axiale Widerstandsmoment, bezogen auf die Schwerpunktachse.

$$\sigma_b = \frac{M_b(x)}{W}$$

W ist das axiale Widerstandsmoment, bezogen auf die Schwerpunktachse,

I das zugehörige axiale Flächenmoment 2. Ord.,

e_{max} der Abstand der Schwerpunktachse zur äußersten Randfaser des Profilquerschnitts.

$$W = \frac{I}{e_{max}}$$

Verschiebungssatz von Steiner

I_y ist das axiale Flächenmoment 2. Ord.,

I_{ys} das axiale Flächenmoment 2. Ord., bezogen auf die Schwerpunktachse,

$$I_y = I_{ys} + z_s^2 \cdot A$$

analog für I_z

z_s der Abstand zur Schwerpunktachse,

A der Flächeninhalt des Profilquerschnitts.

Durchbiegung

w ist die Durchbiegung (Formänderung),

F die mittig angreifende Einzelkraft eines zweiseitig gelagerten Trägers,

$$w = \frac{Fl^2 x}{3EI}\left[1 - \frac{4}{3}\left(\frac{x}{l}\right)^2\right]$$

$$x < \frac{l}{2}$$

l die Länge des Trägers,

E der E-Modul des Trägerwerkstoffs,

I das axiale Flächenmoment 2. Ord.,

x der Abstand zum Auflager.

2.4 Torsionsbeanspruchung

τ_t ist die Torsionsspannung im Profilquerschnitt,

M_t das Torsionsmoment,

W_p das polare Widerstandsmoment.

$$\tau_t = \frac{M_t}{W_p}$$

W_p ist das polare Widerstandsmoment,

I_p das zugehörige polare Flächenmoment 2. Ord.,

r_{max} der Abstand der Schwerpunktachse zur äußersten Randfaser des Profilquerschnitts.

$$W_p = \frac{I_p}{r_{max}}$$

I_p ist das polare Flächenmoment 2. Ord.,

I_y das axiale Flächenmoment der y-Schwerpunktachse,

I_z das axiale Flächenmoment der z-Schwerpunktachse.

$$I_p = I_y + I_z$$

2.5 Knickung (nach Euler)

Fälle:

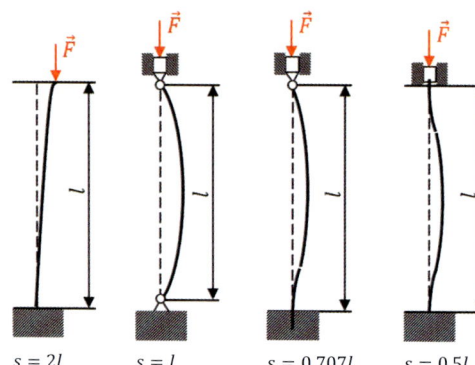

$s = 2l$ $s = l$ $s = 0{,}707l$ $s = 0{,}5l$

F_K ist der Betrag der Knickkraft $\vec{F}$ nach Euler,

E der Elastizitätsmodul des Werkstoffs,

I_{min} das kleinste Flächenmoment 2. Ord.,

s die freie Knicklänge des Stabes.

$$F_K = \frac{E \cdot I_{min} \cdot \pi^2}{s^2}$$

σ_K ist die Knickspannung nach Euler,

E der Elastizitätsmodul des Werkstoffs,

λ der Schlankheitsgrad.

$$\sigma_K = \frac{E \cdot \pi^2}{\lambda^2}$$

λ ist der Schlankheitsgrad,

s die freie Knicklänge,

i der Trägheitsradius des Stabes.

$$\lambda = \frac{s}{i}$$

i ist der Trägheitsradius des Stabes,

I das zugehörige Flächenmoment 2. Ord.,

A der Flächeninhalt des Stabquerschnitts.

$$i = \sqrt{\frac{I}{A}}$$

2.6 Flächenpressungen

Flächenpressung an ebenen Flächen

σ_p ist die Flächenpressung,

F der Betrag der äußeren Kraft,

A der Flächeninhalt der ebenen Oberfläche.

$$\sigma_p = \frac{F}{A}$$

Flächenpressung an geneigten Flächen

σ_p ist die Flächenpressung,

F der Betrag der äußeren Kraft,

A_p der Flächeninhalt der orthogonalen Projektion der Oberfläche.

$$\sigma_p = \frac{F}{A_p}$$

Flächenpressung an metrischen Gewinden

A_p ist die Summe der orthogonal projizierten Flächeninhalte der Flankenüberdeckung der Gewindegänge,

i die Anzahl der Gewindegänge,

d_2 der Flankendurchmesser,

H_1 die Flankenüberdeckung.

$$A_p = i \cdot \pi \cdot d_2 \cdot H_1$$

σ_{pG} ist die Flächenpressung am Gewinde,

F der Betrag der äußeren Kraft,

A_p die Summe der orthogonal projizierten Flächeninhalte der Flankenüberdeckung der Gewindegänge.

$$\sigma_{pG} = \frac{F}{A_p}$$

Flächenpressung an gewölbten Flächen (Lochleibung)

σ_{pm} ist die mittlere Flächenpressung,

F der Betrag der äußeren Kraft,

A_p der Flächeninhalt der orthogonalen Projektion der gewölbten Fläche.

$$\sigma_{pm} = \frac{F}{A_p}$$

σ_{pm} ist die mittlere Flächenpressung,

F der Betrag der äußeren Kraft,

d der Durchmesser,

s die Höhe der zylindrisch gewölbten Fläche.

$$\sigma_{pm} = \frac{F}{d \cdot s}$$

3 Energietechnik

3.1 Mechanischer Wirkungsgrad

η ist der mechanische Wirkungsgrad des Energieumwandlungssystems (EUS),

P_{ab} die aus dem System abgeführte Leistung,

P_{zu} die dem System zugeführte Leistung.

$$\eta = \frac{P_{ab}}{P_{zu}}$$

analog für E und W

3.2 Energieformen

Chemische Energie

Q_{ch} ist die chemische Energie,

m die Masse,

H der Heizwert des festen bzw. flüssigen Brennstoffs.

$$Q_{ch} = m \cdot H$$

Q_{ch} ist die chemische Energie,

V das Volumen,

H der Heizwert des gasförmigen Brennstoffs.

$$Q_{ch} = V \cdot H$$

Wärmeenergie

Q ist die zu- bzw. abgeführte Wärme,

m die Masse der Substanzmenge,

c die spezifische Wärmekapazität,

ΔT die Temperaturerhöhung bzw. -erniedrigung.

$$Q = m \cdot c \cdot \Delta T$$

Potenzielle Energie

E_{pot} ist die Lageenergie der Erdanziehung,

m die Masse des Körpers,

g der Ortsfaktor,

h die Höhe über einem Bezugsniveau.

$$E_{pot} = m \cdot g \cdot h$$

E_s ist die Spannenergie,

D die Federkonstante (= Federhärte),

s der Federweg einer gestreckten/gestauchten Feder.

$$E_s = \frac{1}{2} D \cdot s^2$$

E_p ist die Druckenergie eines idealen Gases,

p der Druck,

ΔV die zugehörige Volumenänderung.

$$E_p = p \cdot \Delta V$$

Kinetische Energie

E_{kin} ist die kinetische Energie,

m die Masse des Körpers,

v der Betrag seiner Geschwindigkeit.

$$E_{kin} = \frac{1}{2} m \cdot v^2$$

Elektrische Energie und Leistung

Gleichstrom

E_{el} ist die elektrische Energie,

U die Spannung am Leiter,

I die Stromstärke durch den Leiter,

Δt die Zeitdauer des Stromflusses.

$$E_{el} = U \cdot I \cdot \Delta t$$

P ist die elektrische Leistung des Gleichstroms,

U die Spannung am Leiter,

I die Stromstärke durch den Leiter.

$$P_{el} = U \cdot I$$

Wechselstrom

P ist die Wirkleistung,

U die effektive Spannung am Leiter,

I die effektive Stromstärke durch den Leiter,

$\cos\varphi$ der Leistungsfaktor.

$$P = U \cdot I \cdot \cos\varphi$$

Drehstrom

P ist die Wirkleistung,

U die effektive Spannung am Leiter,

I die effektive Stromstärke durch den Leiter,

$\cos\varphi$ der Leistungsfaktor.

$$P = \sqrt{3} \cdot U \cdot I \cdot \cos\varphi$$

Strahlungsenergie eines Photons

E_{st} ist die Strahlungsenergie eines Photons,

h das Planck'sche Wirkungsquantum,

f die Frequenz der Strahlung.

$$E_{st} = h \cdot f$$

Kernenergie

E_b ist die Bindungsenergie aller Nukleonen eines Atoms,

B ist der Massendefekt,

c die Lichtgeschwindigkeit im Vakuum.

$$E_b = B \cdot c^2$$

3.3 Leistung, Erträge und Kenngrößen von technischen Systemen

Windleistung einer WEA

P_w ist die Windleistung,

ρ die Dichte der Luft,

A der durchströmte Rotorflächeninhalt,

v die Windgeschwindigkeit.

$$P_W = \frac{1}{2} \rho \cdot A \cdot v^3$$

Leistung von Wasserkraftturbinen

P_T ist die Turbinenleistung,

$\dot{V}$ der Volumenstrom des Wassers,

ρ die Dichte,

g der Ortsfaktor,

h die Fallhöhe über einem Bezugsniveau.

$$P_T = \dot{V} \cdot \rho \cdot g \cdot h$$

Verbrennungskraftmaschinen

Hubraum und Verbrennungsraum

V_h ist der Hubraum zwischen UT und OT,

d der Zylinderdurchmesser,

s der Hub des Kolbens.

V_H ist der Gesamthubraum,

z die Zylinderanzahl des Motors.

$$V_h = \frac{\pi \cdot d^2}{4} \cdot s$$

$$V_H = V_h \cdot z$$

$V_{b_{max}}$ ist der maximale Verbrennungsraum,

$V_{b_{min}}$ der minimale Verbrennungsraum,

V_h der Hubraum zwischen UT und OT,

V_c der Verdichtungsraum des Zylinders.

$$V_{b_{max}} = V_h + V_c$$

$$V_{b_{min}} = V_c$$

ε ist das Verdichtungsverhältnis,

V_h der Hubraum zwischen UT und OT,

V_c der Verdichtungsraum des Zylinders.

k ist das Hubverhältnis,

s der Hub des Kolbens,

d der Zylinderdurchmesser.

$$\varepsilon = \frac{V_h + V_c}{V_c}$$

$$k = \frac{s}{d}$$

Motorarbeit und Motorleistung

F_i ist der Betrag der inneren Kolbenkraft,

p_i der mittlere induzierte Kolbendruck,

A_k der Flächeninhalt der Kolbendeckfläche.

$$F_i = p_i \cdot A_k$$

W_i ist der Betrag der inneren Arbeit,

F_i der Betrag der inneren Kolbenkraft,

s der Hub des Kolbens.

$$W_i = F_i \cdot s$$

W_{eff} ist der Betrag der nutzbaren Arbeit,

p_{eff} der mittlere nutzbare Kolbendruck,

A_k der Flächeninhalt der Kolbendeckfläche,

s der Hub des Kolbens.

$$W_{eff} = p_{eff} \cdot A_k \cdot s$$

P_{eff} ist die nutzbare Leistung,

M das Drehmoment,

n die zugehörige Drehzahl eines Motors.

$$P_{eff} = \frac{2 \cdot \pi \cdot M \cdot n}{60}$$

Leistungen und Erträge von Solaranlagen

Füllfaktor von Solarzellen

FF ist der Füllfaktor der Solarzelle,

I_{MPP} die Stromstärke am MPP,

U_{MPP} die Spannung am MPP,

I_K der Kurzschlussstrom,

U_L die Leerlaufspannung.

$$FF = \frac{I_{MPP} \cdot U_{MPP}}{I_k \cdot U_L}$$

MPP: Maximum Power Point

71

Idealertrag einer Solaranlage

I_{th} ist der theoretische Gleichstromertrag,

P_{STC} die Anlagennennleistung,

E_{GL} die Globalstrahlungssumme im Jahr,

f der Flächenfaktor,

I_{STC} die ideale Einstrahlung.

$$I_{th} = \frac{P_{STC} \cdot E_{GL} \cdot f}{I_{STC}}$$

STC: unter Standardtestbedingungen

Realertrag einer Solaranlage

I_r ist der reale Gleichstromertrag,

I_{th} der theoretische Gleichstromertrag,

PR die Performance Ratio der Solaranlage.

$$I_r = I_{th} \cdot PR$$

4 Thermodynamik

4.1 Thermische Zustandsgleichungen

Bei der Zustandsänderung eines idealen Gases gilt:

p ist der Druck,

V das Volumen,

T die Temperatur eines eingeschlossenen idealen Gases.

$$\frac{p \cdot V}{T} = \text{konst.}$$

Sonderfälle thermischer Zustandsänderungen von idealen Gasen

isobar	isochor	isotherm
$\Delta p = 0$	$\Delta V = 0$	$\Delta T = 0$
$\dfrac{V}{T} = \text{konst.}$	$\dfrac{p}{T} = \text{konst.}$	$p \cdot V = \text{konst.}$

Weitere thermische Zustandsgleichungen idealer Gase

p ist der Druck,

V das Volumen,

n die Stoffmenge,

R die allgemeine Gaskonstante,

T die Temperatur eines eingeschlossenen idealen Gases.

$$p \cdot V = n \cdot R \cdot T$$

n ist die Stoffmenge,

m die Masse,

M die Molmasse eines eingeschlossenen idealen Gases.

$$n = \frac{m}{M}$$

p ist der Druck,

V das Volumen,

m die Masse,

R_i die spezifische Gaskonstante,

T die Temperatur eines eingeschlossenen idealen Gases.

$$p \cdot V = m \cdot R_i \cdot T$$

R_i ist die spezifische Gaskonstante,

R die allgemeine Gaskonstante,

M die Molmasse eines idealen Gases.

$$R_i = \frac{R}{M}$$

4.2 Spezifische Wärmekapazitäten idealer Gase

c_p ist die spezifische Wärmekapazität bei konstantem Druck,

R_i die spezifische Gaskonstante,

c_v die spezifische Wärmekapazität bei konstantem Volumen.

$$c_p = R_i + c_v$$

κ ist der Adiabatenexponent (auch Isentropenexponent),

c_p die spezifische Wärmekapazität bei konstantem Druck,

c_v die spezifische Wärmekapazität bei konstantem Volumen.

$$\kappa = \frac{c_p}{c_v}$$

c_v ist die spezifische Wärmekapazität bei konstantem Volumen,

R_i die spezifische Gaskonstante,

κ der Adiabatenexponent.

$$c_v = \frac{R_i}{\kappa - 1}$$

4.3 Adiabate Zustandsänderung idealer Gase ($\Delta Q = 0$)

p_1, p_2 sind die Drücke der beiden Zustände,

V_1, V_2 die Volumina der beiden Zustände,

κ ist der Adiabatenexponent.

$$p_1 \cdot V_1{}^{\kappa} = p_2 \cdot V_2{}^{\kappa}$$

T_1, T_2 sind Temperaturen der beiden Zustände,

p_1, p_2 die Drücke der beiden Zustände,

κ ist der Adiabatenexponent.

$$\frac{T_1}{T_2} = \left(\frac{p_1}{p_2}\right)^{\frac{\kappa-1}{\kappa}}$$

T_1, T_2 sind Temperaturen der beiden Zustände,

V_1, V_2 die Volumina der beiden Zustände,

κ ist der Adiabatenexponent.

$$\frac{T_1}{T_2} = \left(\frac{V_2}{V_1}\right)^{\kappa-1}$$

4.4 Hauptsätze der Thermodynamik

1. Hauptsatz der Thermodynamik

ΔU ist die Änderung der inneren Energie des Systems,

Q die dem System zugeführte bzw. entnommene Wärme,

W die am bzw. vom System verrichtete mechanische Arbeit.

$$\Delta U = Q + W$$

Vorzeichenregelung: $Q > 0$ Wärmezufuhr ins System („Heizen")
$Q < 0$ Wärmeabfuhr aus dem System („Kühlen")
$W > 0$ Verrichtung von Arbeit am System
$W < 0$ Verrichtung von Arbeit des Systems

2. Hauptsatz der Thermodynamik

Alle natürlichen thermodynamischen Prozesse sind irreversibel (1. Formulierung).

Bei irreversiblen Prozessen in einem abgeschlossenen System nimmt die Entropie stets zu ($\Delta S > 0$) (2. Formulierung).

Entropieänderung

ΔS ist die Änderung der Entropie,

Q die zu- bzw. abgeführte Wärme,

T die absolute Temperatur eines thermodynamischen Systems.

$$\Delta S = \frac{Q}{T}$$

4.5   Innere Energie, Wärme und Arbeit thermodynamischer Prozesse

Innere Energie thermodynamischer Prozesse

ΔU ist die Änderung der inneren Energie eines Gases,

m die Masse,

c_v die spezifische Wärmekapazität bei konstantem Volumen,

T_1 die Temperatur im Zustand 1,

T_2 die Temperatur im Zustand 2.

$$\Delta U = m \cdot c_v \cdot (T_2 - T_1)$$

Arbeit und Wärme thermodynamischer Prozesse

Isochorer thermodynamischer Prozess

Q_{12} ist die vom Gas aufgenommene bzw. abgegebene Wärme,

m die Masse,

c_v die spezifische Wärmekapazität bei konstantem Volumen,

T_1 die Temperatur im Zustand 1,

T_2 die Temperatur im Zustand 2.

$$Q_{12} = m \cdot c_v \cdot (T_2 - T_1)$$

Isobarer thermodynamischer Prozess

Q_{12} ist die vom Gas aufgenommene bzw. abgegebene Wärme,

m die Masse,

c_p die spezifische Wärmekapazität bei konstantem Druck,

T_1 die Temperatur im Zustand 1,

T_2 die Temperatur im Zustand 2.

$$Q_{12} = m \cdot c_p \cdot (T_2 - T_1)$$

W_{12} ist die vom Gas bzw. die am Gas verrichtete mechanische Arbeit,

p der konstante Druck des Gases,

V_1 das Volumen im Zustand 1,

V_2 das Volumen im Zustand 2.

$$W_{12} = -p \cdot (V_2 - V_1)$$

Isothermer thermodynamischer Prozess

W_{12} ist die vom Gas bzw. am Gas verrichtete mechanische Arbeit,

m die Masse,

R_i die spezifische Gaskonstante,

T die absolute Temperatur,

V_1 das Volumen im Zustand 1,

V_2 das Volumen im Zustand 2.

$$W_{12} = -m \cdot R_i \cdot T \cdot ln\left(\frac{V_2}{V_1}\right)$$

Adiabater thermodynamischer Prozess

W_{12} ist die vom Gas bzw. die am Gas verrichtete mechanische Arbeit,

m die Masse,

c_v die spezifische Wärmekapazität bei konstantem Volumen,

T_1 die Temperatur im Zustand 1,

T_2 die Temperatur im Zustand 2.

$$W_{12} = -m \cdot c_v \cdot (T_1 - T_2)$$

W_{12} ist die vom Gas bzw. die am Gas verrichtete mechanische Arbeit,

p_1 der Druck im Zustand 1,

V_1 das Volumen im Zustand 1,

κ der Adiabatenexponent,

T_1 die Temperatur im Zustand 1,

T_2 die Temperatur im Zustand 2.

$$W_{12} = -\frac{p_1 \cdot V_1}{\kappa - 1} \cdot \left(1 - \frac{T_2}{T_1}\right)$$

Physik

Technologie/ Naturwissenschaften

Chemie

Tabellen

Stichwortverzeichnis

Thermische Wirkungsgrade idealer Kreisprozesse

Thermischer Wirkungsgrad einer Wärmekraftmaschine (allgemein)

η_{th} ist der thermische Wirkungsgrad,

Q_{ab} die vom System abgegebene Wärme,

Q_{zu} die vom System aufgenommene Wärme.

$$\eta_{th} = 1 - \frac{|Q_{ab}|}{Q_{zu}}$$

Carnot'scher Wirkungsgrad (Carnot-Kreisprozess)

η_C ist der carnotsche Wirkungsgrad,

T_{min} die niedrigste Temperatur des Gases,

T_{max} die höchste Temperatur des Gases.

$$\eta_C = 1 - \frac{T_{min}}{T_{max}}$$

Thermischer Wirkungsgrad beim Stirling-Kreisprozess

η_{th} ist der thermische Wirkungsgrad,

T_{min} die niedrigste Temperatur des Gases,

T_{max} die höchste Temperatur des Gases.

$$\eta_{th} = 1 - \frac{T_{min}}{T_{max}}$$

Thermischer Wirkungsgrad beim Otto-Kreisprozess

η_{th} ist der thermische Wirkungsgrad,

T_1 die Temperatur des Gases im Zustand 1,

T_2 die Temperatur des Gases im Zustand 2.

$$\eta_{th} = 1 - \frac{T_1}{T_2}$$

η_{th} ist der thermische Wirkungsgrad,

ε das Verdichtungsverhältnis,

κ der Adiabatenexponent.

$$\eta_{th} = 1 - \frac{1}{\varepsilon^{\kappa-1}}$$

Thermischer Wirkungsgrad beim Diesel-Kreisprozess

η_{th} ist der thermische Wirkungsgrad,

T_{1-4} die Temperatur eines Gases in den jeweiligen Zuständen 1, ..., 4,

κ der Adiabatenexponent.

$$\eta_{th} = 1 - \frac{T_4 - T_1}{\kappa \cdot (T_3 - T_2)}$$

Thermischer Wirkungsgrad beim Joule-Kreisprozess (Gasturbine)

η_{th} ist der thermische Wirkungsgrad,

T_1 die Temperatur des Gases im Zustand 1,

T_2 die Temperatur des Gases im Zustand 2.

$$\eta_{th} = 1 - \frac{T_1}{T_2}$$

Leistungszahlen linkslaufender idealer Kreisprozesse

Kältemaschinenprozess nach Carnot

ε_{KC} ist die Leistungszahl nach Carnot,

T_{min} die niedrigste Temperatur des Gases,

T_{max} die höchste Temperatur des Gases.

$$\varepsilon_{KC} = \frac{T_{min}}{T_{max} - T_{min}}$$

Wärmepumpenprozess nach Carnot

ε_{WC} ist die Leistungszahl nach Carnot,

T_{max} die höchste Temperatur des Gases,

T_{min} die niedrigste Temperatur des Gases.

$$\varepsilon_{WC} = \frac{T_{max}}{T_{max} - T_{min}}$$

Physik

Technologie/
Naturwissenschaften

Chemie

Tabellen

Stichwortverzeichnis

Chemie

1 Quantitative Aspekte

1.1 Teilchenzahl N

N ist die Teilchenzahl,

n die Stoffmenge,

N_A die Avogadro-Konstante.

$$N = n \cdot N_A$$

1.2 Masse m

m ist die Masse,

n die Stoffmenge,

M die molare Masse.

$$m = n \cdot M$$

1.3 Volumen V idealer Gase

V ist das Volumen des Gases,

n die Stoffmenge des Gases,

V_m das molare Volumen des Gases.

$$V = n \cdot V_m$$

1.4 Stoffmengenkonzentration c

c ist die Stoffmengenkonzentration,

n die Stoffmenge einer Mischungskomponente,

V das Gesamtvolumen der Mischphase.

$$c = \frac{n}{V}$$

1.5 Massenkonzentration β

β ist die Massenkonzentration,

m die Masse einer Mischungskomponente,

V das Gesamtvolumen der Mischphase.

$$\beta = \frac{m}{V}$$

1.6 Massenanteil ω

ω ist der Massenanteil,

m die Masse einer Mischungskomponente,

$m(\text{Gem.})$ die Masse aller Mischungskomponenten.

$$\omega = \frac{m}{m(\text{Gem.})}$$

2 Mittlere Reaktionsgeschwindigkeit

Für homogene (in einer Phase stattfindende) Reaktionen A → Z gilt:

$\bar{v}$ ist die mittlere Reaktionsgeschwindigkeit innerhalb der Zeitspanne Δt,

Δc die Änderung der Stoffmengen-konzentration innerhalb der Zeitspanne Δt.

$$\bar{v} = -\frac{\Delta c(\text{A})}{\Delta t} = +\frac{\Delta c(\text{Z})}{\Delta t}$$

Physik

Technologie/ Naturwissenschaften

Chemie

Tabellen

Stichwortverzeichnis

3 Massenwirkungsgesetz

3.1 Massenwirkungsgesetz, konzentrationsbezogen

Für die Reaktion aA + bB $\rightleftharpoons$ yY + zZ gilt:

K_c ist die konzentrationsbezogene Gleichgewichtskonstante (abhängig von der Temperatur),

$$K_c = \frac{c^y(Y) \cdot c^z(Z)}{c^a(A) \cdot c^b(B)}$$

c die Stoffmengenkonzentration.
Die Konzentration von Reaktionspartnern, die als Feststoff oder Flüssigkeit vorliegen, wird bei der Aufstellung des Massenwirkungsgesetzes nicht berücksichtigt.

3.2 Massenwirkungsgesetz, druckbezogen

Für die Reaktion aA + bB $\rightleftharpoons$ yY + zZ,
an der ausschließlich Gase beteiligt sind, gilt:

K_p ist die druckbezogene Gleichgewichtskonstante (abhängig von Temperatur und Druck),

$$K_p = \frac{p^y(Y) \cdot p^z(Z)}{p^a(A) \cdot p^b(B)}$$

p der Partialdruck eines Gases.

3.3 Gibbs-Helmholtz-Gleichung

ΔG ist die Änderung der freien Gibbs-Energie,

ΔH die Änderung der Reaktionsenthalpie,

T die absolute Temperatur,

ΔS die Änderung der Entropie.

$$\Delta G = \Delta H - T \cdot \Delta S$$

4   Säure-Base-Gleichgewichte

4.1   Ionenprodukt des Wassers K_W

K_W ist das Ionenprodukt des Wassers
(= 10^{-14} mol^2 · l^{-2} bei T = 295,15 K
bzw. ϑ = 22 °C),

$$K_W = c(\mathrm{H_3O^+}) \cdot c(\mathrm{OH^-})$$

c die Stoffmengenkonzentration,

pK_W der negative dekadische Logarithmus
des Zahlenwerts von K_W,

$$pK_W = -\lg\{K_W\}$$

$\{K_W\}$ der Zahlenwert von K_W.

4.2   Säurekonstante K_S und Säureexponent pK_S

(siehe Tabellen zur Chemie: Tab. 1)

Für HA + H$_2$O $\rightleftharpoons$ A$^-$ + H$_3$O$^+$ gilt:

K_S ist die Säurekonstante,

c die Stoffmengenkonzentration,

$$K_S = \frac{c(\mathrm{A^-}) \cdot c(\mathrm{H_3O^+})}{c(\mathrm{HA})}$$

pK_S der negative dekadische Logarithmus
des Zahlenwerts von K_S,

$$pK_S = -\lg\{K_S\}$$

$\{K_S\}$ der Zahlenwert von K_S.

4.3   Basekonstante K_B und Baseexponent pK_B

(siehe Tabellen zur Chemie: Tab. 1)

Für B + H$_2$O $\rightleftharpoons$ HB$^+$ + OH$^-$ gilt:

K_B ist die Basekonstante,

c die Stoffmengenkonzentration,

$$K_B = \frac{c(\mathrm{HB^+}) \cdot c(\mathrm{OH^-})}{c(\mathrm{B})}$$

pK_B der negative dekadische Logarithmus
des Zahlenwerts von K_B,

$$pK_B = -\lg\{K_B\}$$

$\{K_B\}$ der Zahlenwert von K_B.

Physik

Technologie/
Naturwissenschaften

Chemie

Tabellen

Stichwortverzeichnis

85

Für korrespondierende Säure-Base-Paare gilt:

$$K_S \cdot K_B = K_W$$

$$pK_S + pK_B = pK_W$$

4.4 pH-Wert

pH ist der negative dekadische Logarithmus des Zahlenwerts der Stoffmengenkonzentration an Oxoniumionen,

$$pH = -\lg\{c(\mathrm{H_3O^+})\}$$

$c(H_3O^+)$ die Stoffmengenkonzentration an Oxoniumionen,

$\{c(H_3O^+)\}$ der Zahlenwert von $c(H_3O^+)$.

Umgekehrt gilt:

$$\{c(\mathrm{H_3O^+})\} = 10^{-pH}$$

4.5 pOH-Wert

pOH ist der negative dekadische Logarithmus des Zahlenwerts der Stoffmengenkonzentration an Hydroxidionen,

$$pOH = -\lg\{c(\mathrm{OH^-})\}$$

$c(OH^-)$ die Stoffmengenkonzentration an Hydroxidionen,

$\{c(OH^-)\}$ der Zahlenwert von $c(OH^-)$.

Umgekehrt gilt:

$$\{c(\mathrm{OH^-})\} = 10^{-pOH}$$

Außerdem gilt:

$$pH + pOH = pK_W$$

4.6 *pH*-Wert in sauren Lösungen

Lösung einer starken Säure

pH ist der pH-Wert,

$c_0(\text{HA})$ die Stoffmengenkonzentration der Säure HA vor ihrer Dissoziation,

$\{c_0(\text{HA})\}$ der Zahlenwert von $c_0(\text{HA})$.

$$pH = -\lg\{c_0(\text{HA})\}$$

Lösung einer schwachen Säure (Näherungsformel)

pH ist der pH-Wert,

pK_S der pK_S-Wert

$c_0(\text{HA})$ die Stoffmengen- konzentration der Säure HA vor ihrer Dissoziation,

$\{c_0(\text{HA})\}$ der Zahlenwert von $c_0(\text{HA})$.

$$pH = \frac{1}{2}\left(pK_S - \lg\{c_0(\text{HA})\}\right)$$

4.7 Henderson-Hasselbalch-Gleichung

pH-Wert einer Pufferlösung aus einer schwachen Säure HA und ihrer korrespondierenden Base A^-:

pH ist der pH-Wert,

pK_S der pK_S-Wert,

$c_0(A^-)$ die Anfangs-Stoffmengen- konzentration des Säurerests A^-,

$c_0(\text{HA})$ die Anfangs-Stoffmengenkonzentration der Säure HA (vor ihrer Dissoziation),

$\left\{\dfrac{c_0(A^-)}{c_0(\text{HA})}\right\}$ der Zahlenwert von $\dfrac{c_0(A^-)}{c_0(\text{HA})}$.

$$pH = pK_S + \lg\left\{\frac{c_0(A^-)}{c_0(\text{HA})}\right\}$$

5 Redox-Gleichgewichte

5.1 Leerlaufspannung eines galvanischen Elements

U_L ist die Leerlaufspannung,

ΔE die Potenzialdifferenz,

E_K das Redoxpotenzial der Kathoden-Halbzelle,

E_A das Redoxpotenzial der Anoden-Halbzelle (jeweils bei stromloser Messung).

$$U_L = \Delta E = E_K - E_A$$

Unter Standardbedingungen gilt:

Standardbedingungen:

$$U_L^0 = \Delta E^0 = E_K^0 - E_A^0$$

T = 298,15 K bzw. ϑ = 25 °C sowie eine Konzentration von 1 mol · l^{-1} aller gelösten Stoffe bzw. ein Druck von p = 101325 Pa aller beteiligten Gase.

5.2 Nernst'sche Gleichung

Für die Halbzelle aA + bB ⇌ yY + zZ + n e⁻ gilt:

$$E\left(\frac{\text{Red}}{\text{Ox}}\right) = E^0\left(\frac{\text{Red}}{\text{Ox}}\right) + \frac{R \cdot T}{n \cdot F} \cdot \ln\left\{\frac{c^y(Y) \cdot c^z(Z)}{c^a(A) \cdot c^b(B)}\right\}$$

E^0 ist das Normalpotenzial der Halbzelle („Red" ist die reduzierte, „Ox" die oxidierte Form der reduzierenden/oxidierenden Teilchen),

R die allgemeine Gaskonstante,

T die Temperatur in Kelvin,

n die Zahl der abgegebenen oder aufgenommenen Elektronen,

F die Faraday-Konstante,

c die Stoffmengenkonzentration,

$\left\{\dfrac{c^y(Y) \cdot c^z(Z)}{c^a(A) \cdot c^b(B)}\right\}$ der Zahlenwert von $\dfrac{c^y(Y) \cdot c^z(Z)}{c^a(A) \cdot c^b(B)}$.

Unter Standardbedingungen (T = 298,15 K, ϑ = 25 °C) gilt:

$$E\left(\frac{\text{Red}}{\text{Ox}}\right) = E^0\left(\frac{\text{Red}}{\text{Ox}}\right) + \frac{0{,}059\ \text{V}}{n} \cdot \lg\left\{\frac{c^y(Y) \cdot c^z(Z)}{c^a(A) \cdot c^b(B)}\right\}$$

Tabellen

1   Ausgewählte Konstanten

Bezeichnung	Konstante
allgemeine (universelle) Gaskonstante	$R = 8{,}3145 \text{ J} \cdot \text{mol}^{-1} \cdot \text{K}^{-1}$
atomare Masseneinheit	$1 \text{ u} = 1{,}660539 \cdot 10^{-27} \text{ kg}$
Avogadro-Konstante	$N_A = 6{,}02214 \cdot 10^{23} \text{ mol}^{-1}$
Boltzmann-Konstante	$k = 1{,}38065 \cdot 10^{-23} \text{ J} \cdot \text{K}^{-1}$
Elementarladung	$e = 1{,}602177 \cdot 10^{-19} \text{ C}$
elektrische Feldkonstante	$\varepsilon_0 = 8{,}854187817 \cdot 10^{-12} \text{ C} \cdot \text{V}^{-1} \cdot \text{m}^{-1}$
Betrag der Fallbeschleunigung (Ortsfaktor)	$g = 9{,}81 \text{ m} \cdot \text{s}^{-2}$ (Mitteleuropa) $g = 9{,}78 \text{ m} \cdot \text{s}^{-2}$ (Äquator) $g = 9{,}83 \text{ m} \cdot \text{s}^{-2}$ (Polnähe)
Faraday-Konstante	$F = 96485{,}3 \text{ C} \cdot \text{mol}^{-1}$
Gravitationskonstante	$G = 6{,}67408 \cdot 10^{-11} \text{ m}^3 \cdot \text{kg}^{-1} \cdot \text{s}^{-2}$
Lichtgeschwindigkeit im Vakuum	$c = 2{,}99792458 \cdot 10^8 \text{ m} \cdot \text{s}^{-1}$
magnetische Feldkonstante	$\mu_0 = 4\pi \cdot 10^{-7} \text{ N} \cdot \text{A}^{-2} = 12{,}566370614 \cdot 10^{-7} \text{ V} \cdot \text{s} \cdot \text{A}^{-1} \cdot \text{m}^{-1}$
molares Volumen eines idealen Gases unter Normbedingungen	$V_m \text{(Gas)} = 22{,}413962 \cdot 10^{-3} \text{ m}^3 \cdot \text{mol}^{-1}$
Planck-Konstante (Planck'sches Wirkungsquantum)	$h = 6{,}62607 \cdot 10^{-34} \text{ J} \cdot \text{s} = 4{,}13567 \cdot 10^{-15} \text{ eV} \cdot \text{s}$
Rydberg-Konstante (unendlich große Kernmasse)	$R_\infty = 1{,}097373 \cdot 10^7 \text{ m}^{-1}$
Rydberg-Konstante für das Wasserstoffatom	$R_H = 1{,}096776 \cdot 10^7 \text{ m}^{-1}$

2 Ruhemassen und Ruheenergien ausgewählter Teilchen

Teilchen	Ruhemasse		Ruheenergie
	in kg	in u	in MeV
α-Teilchen	$6{,}64466 \cdot 10^{-27}$	4,001506	3727,379
Deuteron	$3{,}34358 \cdot 10^{-27}$	2,013553	1875,613
Elektron	$9{,}109384 \cdot 10^{-31}$	$5{,}485799 \cdot 10^{-4}$	0,510999
Neutron	$1{,}674927 \cdot 10^{-27}$	1,008665	939,5654
Proton	$1{,}672622 \cdot 10^{-27}$	1,007276	938,272
Triton	$5{,}00736 \cdot 10^{-27}$	3,016049	2808,921

Äquivalenz von Masse und Energie: $E = m \cdot c^2$

$1 \text{ u } c^2 = 931{,}494 \text{ MeV}$

$1 \text{ kg } c^2 = 5{,}60959 \cdot 10^{35} \text{ eV}$

Physik

Technologie/
Naturwissenschaften

Chemie

Tabellen

Stichwortverzeichnis

3 Weitere wichtige physikalische Größen und ihre Einheiten

Größe	Symbol	SI-Einheit		Zusammenhang mit anderen SI-Einheiten
Aktivität (radioaktiv)	A	Bq	Becquerel	$1\ \text{Bq} = 1\ \text{s}^{-1}$
Äquivalentdosis	H	Sv	Sievert	$1\ \text{Sv} = 1\ \text{J} \cdot \text{kg}^{-1}$
Arbeit	W	J	Joule	$1\ \text{J} = 1\ \text{N} \cdot \text{m}$ $= 1\ \text{V} \cdot \text{A} \cdot \text{s}$ $= 1\ \text{W} \cdot \text{s}$
Ausbreitungs- geschwindigkeit	$\vec{c}$	$\text{m} \cdot \text{s}^{-1}$		
Beschleunigung	$\vec{a}$	$\text{m} \cdot \text{s}^{-2}$		
Dichte	ρ	$\text{kg} \cdot \text{m}^{-3}$		
Drehmoment	$\vec{M}$	$\text{N} \cdot \text{m}$		
Druck	p	Pa	Pascal	$1\ \text{Pa} = 1\ \text{N} \cdot \text{m}^{-2}$ $1\ \text{bar} = 10^5\ \text{Pa}$
Elastizitätsmodul	E	$\text{N} \cdot \text{m}^{-2}$		
elektrische Feldstärke	$\vec{E}$	$\text{V} \cdot \text{m}^{-1}$		$1\ \text{V} \cdot \text{m}^{-1} = 1\ \text{N} \cdot \text{C}^{-1}$
elektrische Flussdichte (Verschiebungsdichte)	$\vec{D}$	$\text{C} \cdot \text{m}^{-2}$		
elektrische Ladung	Q, q	C	Coulomb	$1\ \text{C} = 1\ \text{A} \cdot \text{s}$
elektrischer Leitwert	G	S	Siemens	$1\ \text{S} = 1\ \text{A} \cdot \text{V}^{-1} = 1\ \Omega^{-1}$
elektrisches Potenzial	φ	V	Volt	$1\ \text{V} = 1\ \text{J} \cdot \text{C}^{-1}$
elektrische Spannung	U	V	Volt	$1\ \text{V} = 1\ \text{J} \cdot \text{C}^{-1}$
elektrischer Widerstand	R	Ω	Ohm	$1\ \Omega = 1\ \text{V} \cdot \text{A}^{-1}$
elektrischer Widerstand, spezifischer	ρ	$\Omega \cdot \text{m}$		
Energie	E	J	Joule	$1\ \text{J} = 1\ \text{N} \cdot \text{m}$ $= 1\ \text{V} \cdot \text{A} \cdot \text{s}$ $= 1\ \text{W} \cdot \text{s}$
Energiedosis	D	Gy	Gray	$1\ \text{Gy} = 1\ \text{J} \cdot \text{kg}^{-1}$

Größe	Symbol	SI-Einheit		Zusammenhang mit anderen SI-Einheiten
Federkonstante	D	$N \cdot m^{-1}$		$1\ N \cdot m^{-1} = 1\ kg \cdot s^{-2}$
Flächenladungsdichte	D	$C \cdot m^{-2}$		
Frequenz	f	Hz	Hertz	$1\ Hz = 1\ s^{-1}$
Gaskonstante, spezifische	R_i	$J \cdot kg^{-1} \cdot K^{-1}$		
Geschwindigkeit	$\vec{v}$	$m \cdot s^{-1}$		
Heizwert eines Feststoffes	H	$J \cdot kg^{-1}$		
Heizwert eines Gases	H	$J \cdot m^{-3}$		
Impuls	$\vec{p}$	$N \cdot s$		$1\ N \cdot s = 1\ kg \cdot m \cdot s^{-1}$
Induktivität	L	H	Henry	$1\ H = 1\ V \cdot s \cdot A^{-1}$
Kapazität	C	F	Farad	$1\ F = 1\ C \cdot V^{-1}$
Kraft	$\vec{F}$	N	Newton	$1\ N = 1\ kg \cdot m \cdot s^{-2}$
Kreisfrequenz	ω	s^{-1}		
Längenausdehnungs-koeffizient	α	K^{-1}		
Leistung	P	W	Watt	$1\ W = 1\ V \cdot A$ $= 1\ J \cdot s^{-1}$ $= 1\ N \cdot m \cdot s^{-1}$
magnetische Feldstärke	$\vec{H}$	$A \cdot m^{-1}$		
magnetischer Fluss	Φ	Wb	Weber	$1\ Wb = 1\ V \cdot s$
magnetische Flussdichte	$\vec{B}$	T	Tesla	$1\ T = 1\ V \cdot s \cdot m^{-2}$ $= 1\ N \cdot A^{-1} \cdot m^{-1}$
molare Masse	M	$kg \cdot mol^{-1}$		
Periodendauer	T	s	Sekunde	
Permeabilität	μ $(\mu = \mu_0 \cdot \mu_r)$	$V \cdot s \cdot A^{-1} \cdot m^{-1}$		$1\ V \cdot s \cdot A^{-1} \cdot m^{-1}$ $= 1\ H \cdot m^{-1}$
Permeabilitätszahl (relative Permeabilität)	μ_r	1 (dimensionslos)		

Größe	Symbol	SI-Einheit		Zusammenhang mit anderen SI-Einheiten
Permittivität	ε $(\varepsilon = \varepsilon_0 \cdot \varepsilon_r)$	$A \cdot s \cdot V^{-1} \cdot m^{-1}$		$1\,A \cdot s \cdot V^{-1} \cdot m^{-1}$ $= 1\,F \cdot m^{-1}$
Permittivitätszahl (Dielektrizitätszahl)	ε_r	1 (dimensionslos)		
Reibungszahl	μ	1 (dimensionslos)		
Richtgröße	D	$N \cdot m^{-1}$		$1\,N \cdot m^{-1} = 1\,kg \cdot s^{-2}$
Schmelzwärme	Q_s	J	Joule	$1\,J = 1\,N \cdot m$ $= 1\,V \cdot A \cdot s$ $= 1\,W \cdot s$
Schmelzwärme, spezifische	s	$J \cdot kg^{-1}$		
Schwächungskoeffizient	μ	m^{-1}		
Schwingungsphase	ϕ	rad	Radiant	1 rad
Umlaufdauer	T	s	Sekunde	
Verdampfungswärme	Q_v	J	Joule	$1\,J = 1\,N \cdot m$ $= 1\,V \cdot A \cdot s$ $= 1\,W \cdot s$
Verdampfungswärme, spezifische	r	$J \cdot kg^{-1}$		
Viskosität	η	$Pa \cdot s$		$1\,Pa \cdot s = 1\,N \cdot m^{-2} \cdot s$
Volumenausdehnungskoeffizient	γ	K^{-1}		
Wärme	Q	J	Joule	$1\,J = 1\,N \cdot m$ $= 1\,V \cdot A \cdot s$ $= 1\,W \cdot s$
Wärmekapazität	C	$J \cdot K^{-1}$		
Wärmekapazität, spezifische	c	$J \cdot K^{-1} \cdot kg^{-1}$		
Wellenlänge	λ	m	Meter	
Winkelgeschwindigkeit	ω	$rad \cdot s^{-1}$		$1\,rad \cdot s^{-1} = 1\,s^{-1}$
Zerfallskonstante	λ	s^{-1}		

4   Umrechnung von Einheiten ausgewählter Größen

Länge (SI-Einheit 1 Meter)

Einheit	Zeichen	Umrechnung in m
Meter (SI-Einheit)	m	—
Dezimeter	dm	$1 \text{ dm} = 10^{-1} \text{ m}$
Zentimeter	cm	$1 \text{ cm} = 10^{-2} \text{ m}$
Ångström	Å	$1 \text{ Å} = 10^{-10} \text{ m}$
astronomische Einheit	AE	$1 \text{ AE} = 1{,}495979 \cdot 10^{11} \text{ m}$
Lichtjahr	Lj	$1 \text{ Lj} = 9{,}46 \cdot 10^{15} \text{ m}$
Parsec	pc	$1 \text{ pc} = 3{,}09 \cdot 10^{16} \text{ m}$

Masse (SI-Einheit 1 Kilogramm)

atomare Masseneinheit u	$1 \text{ u} = 1{,}660539 \cdot 10^{-27} \text{ kg}$	$1 \text{ kg} = 6{,}022141 \cdot 10^{26} \text{ u}$
Tonne t	$1 \text{ t} = 10^{3} \text{ kg}$	$1 \text{ kg} = 10^{-3} \text{ t}$

Energie (SI-Einheit 1 Joule)

Einheit	Zeichen	Faktor zur Umrechnung in		
		J	eV	kWh
Joule (SI-Einheit)	J	1	$6{,}24 \cdot 10^{18}$	$2{,}78 \cdot 10^{-7}$
Elektronenvolt	eV	$1{,}60 \cdot 10^{-19}$	1	$4{,}45 \cdot 10^{-26}$
Kilowattstunde	kWh	$3{,}60 \cdot 10^{6}$	$2{,}25 \cdot 10^{25}$	1

Tabellen

5 SI-Vorsätze und griechisches Alphabet

SI-Vorsätze zur Bezeichnung von Zehnerpotenzen und Einheiten

Zehner-potenz	Vorsatz	Vorsatz-zeichen
10^{-1}	Dezi	d
10^{-2}	Zenti	c
10^{-3}	Milli	m
10^{-6}	Mikro	µ
10^{-9}	Nano	n
10^{-12}	Piko	p
10^{-15}	Femto	f
10^{-18}	Atto	a
10^{-21}	Zepto	z
10^{-24}	Yokto	y

Zehner-potenz	Vorsatz	Vorsatz-zeichen
10^{1}	Deka	da
10^{2}	Hekto	h
10^{3}	Kilo	k
10^{6}	Mega	M
10^{9}	Giga	G
10^{12}	Tera	T
10^{15}	Peta	P
10^{18}	Exa	E
10^{21}	Zetta	Z
10^{24}	Yotta	Y

Griechisches Alphabet

A	α	Alpha
B	β	Beta
Γ	γ	Gamma
Δ	δ	Delta
E	ε	Epsilon
Z	ζ	Zeta
H	η	Eta
Θ	ϑ	Theta

I	ι	Jota
K	κ	Kappa
Λ	λ	Lambda
M	μ	My
N	ν	Ny
Ξ	ξ	Xi
O	o	Omikron
Π	π	Pi

P	ρ	Rho
Σ	σ	Sigma
T	τ	Tau
Y	υ	Ypsilon
Φ	ϕ	Phi
X	χ	Chi
Ψ	ψ	Psi
Ω	ω	Omega

6 Elektromagnetisches Spektrum

Bezeichnung	Wellenlänge λ in m
Niederfrequenz	$1 \cdot 10^8 - 1 \cdot 10^4$
Radiowellen	$1 \cdot 10^4 - 1$
Mikrowellen	$1 - 1 \cdot 10^{-3}$
Infrarotstrahlung	$1 \cdot 10^{-3} - 7,8 \cdot 10^{-7}$
sichtbares Licht	
Rot	$7,8 \cdot 10^{-7} - 6,4 \cdot 10^{-7}$
Orange	$6,4 \cdot 10^{-7} - 6,0 \cdot 10^{-7}$
Gelb	$6,0 \cdot 10^{-7} - 5,7 \cdot 10^{-7}$
Grün	$5,7 \cdot 10^{-7} - 4,9 \cdot 10^{-7}$
Blau	$4,9 \cdot 10^{-7} - 4,3 \cdot 10^{-7}$
Violett	$4,3 \cdot 10^{-7} - 3,8 \cdot 10^{-7}$
UV-Strahlung	$3,8 \cdot 10^{-7} - 1 \cdot 10^{-9}$
Röntgenstrahlung	$1 \cdot 10^{-9} - 1 \cdot 10^{-11}$
Gammastrahlung	$< 1 \cdot 10^{-11}$

Physik

Technologie/
Naturwissenschaften

Chemie

Tabellen

Stichwortverzeichnis

7 Schaltzeichen im Physikunterricht

Bezeichnung	Symbol
Anschluss	o
Fotozelle (Fotoelement, Solarzelle)	
Generator	
Leiterverbindung/Verzweigung	
Messgerät	
Ohm'scher Widerstand	
temperaturabhängiger Widerstand (Kaltleiter PTC)	
Sicherung	
Diode	
Fotodiode	
Spule	
Trafo (allgemein)	
NPN-Transistor	
Klingel	
Spannungsversorgung („-quelle"): – allgemein – Wechselspannung – Gleichspannung	
Solarmodul	
Motor	
Schalter: – offen – geschlossen	
Spannungsmessgerät (Voltmeter)	
veränderbarer Widerstand	

Bezeichnung	Symbol
temperaturabhängiger Widerstand (Heißleiter NTC)	
Glühlampe	
Leuchtdiode	
Röhrendiode (mit direkter Heizung)	
Spule mit Weicheisenkern	
Trafo mit Weicheisenkern	
PNP-Transistor	
Lautsprecher	
Batterie, galvanisches Element	
Erdung	
Zählrohr	
Taster	
Stromstärkemessgerät (Amperemeter)	
Widerstand mit Schleifkontakt	
Fotowiderstand	
Glimmlampe	
Zener-Diode	
Röhrentriode (mit direkter Heizung)	
Kondensator	
Elektrolyt-Kondensator	
Oszilloskop	
Verstärker	

1   Gaskonstanten M, c_p, c_v, R_i und κ

Gas	Molare Masse M in $\dfrac{kg}{kmol}$	Spezifische Wärmekapazität bei konstantem Druck c_p in $\dfrac{J}{kg \cdot K}$	Spezifische Wärmekapazität bei konstantem Volumen c_v in $\dfrac{J}{kg \cdot K}$	Spezifische Gaskonstante R_i in $\dfrac{J}{kg \cdot K}$	Adiabatenexponent κ
Argon (Ar)	39,947	525	317	208,13	1,66
Helium (He)	4,003	5238	3161	2076,94	1,66
Wasserstoff (H_2)	2,016	14170	10046	4124,01	1,41
Sauerstoff (O_2)	31,998	914	654	259,81	1,40
Stickstoff (N_2)	28,013	1038	741	296,79	1,40
Luft	28,963	1003	716	287,06	1,40
Kohlenmonoxid (CO)	28,010	1040	743	296,82	1,40
Kohlendioxid (CO_2)	44,010	819	630	188,91	1,30
Methan (CH_4)	16,043	2155	1637	518,23	1,32

Physik

Technologie/
Naturwissenschaften

Chemie

Tabellen

Stichwortverzeichnis

2 Heizwerte

Heizwerte fester und flüssiger Brennstoffe

Brennstoff	H in $\dfrac{MJ}{kg}$	H in $\dfrac{kWh}{kg}$	SKE Faktor
Altreifen	32	8,9	1,1
Holz (trocken)	15	4,2	0,51
Papier	15	4,2	0,51
Torf	15	4,2	0,51
Pellets	18	5,0	0,61
Braunkohlestaub	19 – 22	5,3 – 6,1	0,75
Steinkohle	29,3	8,1	**1,0**
Methanol	19,9	5,5	0,68
Ethanol	26,8	7,4	0,91
Biodiesel	37	10,3	1,26
Ottokraftstoffe	43,5	12,1	1,48
Diesel, Heizöl EL	42,7	11,9	1,46
Heizöl S	40,3	11,2	1,38

Heizwerte gasförmiger Brennstoffe bei Normalbedingungen

Brennstoff	H in $\dfrac{MJ}{m^3}$	H in $\dfrac{kWh}{m^3}$	ρ in $\dfrac{kg}{m^3}$
Acetylen (Ethin)	56,5	15,7	1,17
Biogas	18 – 21	5 – 5,8	0,92 – 0,98
Butan	123	34,2	0,58 [1]
Propan	93,2	25,9	2,01
Erdgas L	31,8	8,8	0,83
Erdgas H	37,4	10,4	0,79
Kohlenstoffmonoxid	12,6	3,5	1,25
Kokereigas	17,5	4,9	0,51
Methan	35,9	10,0	0,72
Wasserstoff	10,8	3,0	0,090

1) bei 15°C (n – Butan)

3 Spezifische Wärmekapazitäten c von Flüssigkeiten und Feststoffen (bei 20° C)

Flüssigkeiten	$c \text{ in } \dfrac{kJ}{kg \cdot K}$
Aceton	2,210
Benzol	1,738
Brom	0,460
Diethylether	2,340
Dieselkraftstoff	1,926
Ethanol	2,450
Essigsäure	2,050
Glycerin	2,428
Methanol	2,430
Motorenöl SAE30	1,861
Nitrobenzol	1,510
Petroleum	2,140
Quecksilber	0,139
Salpetersäure	1,720
Schwefelsäure	1,386
Spiritus (95%)	2,430
Terpentinöl	1,800
Tetrachlormethan	0,840
Toluol	1,720
Wasser	**4,187**
Wasser (3 % Salz)	3,930

Feststoffe	$c \text{ in } \dfrac{kJ}{kg \cdot K}$
Aluminium	0,900
Beton	≈ 0,88
Blei	0,1285
Eis (bei 0°C)	2,09
Glas (Fenster)	≈ 0,84
Gold	0,1323
Holz: Buche	2,021
Kiefer	1,400
Holzkohle	0,7955
Koks	0,8500
Kupfer	0,3906
Platin	0,1357
Silber	0,2340
Silizium	0,5094
Stahl	≈ 0,50
Steinkohle	1,2979
Wolfram	0,134
Zement	≈ 0,75
Zink	0,389
Zinn	0,226
Ziegelstein	≈ 0,92

Physik

Technologie/ Naturwissenschaften

Chemie

Tabellen

Stichwortverzeichnis

103

4 Flächenmomente 2. Ordnung und Widerstandsmomente

Querschnitts-form	Axiales Flächenmoment I	Axiales Widerstandsmoment W	Polares Widerstandsmoment W_p
	$I = \dfrac{\pi \cdot d^4}{64}$	$W = \dfrac{\pi \cdot d^3}{32}$	$W_p = \dfrac{\pi \cdot d^3}{16}$
	$I = \dfrac{\pi \cdot (D^4 - d^4)}{64}$	$W = \dfrac{\pi \cdot (D^4 - d^4)}{32 \cdot D}$	$W_p = \dfrac{\pi \cdot (D^4 - d^4)}{16 \cdot D}$
	$I = \dfrac{a^4}{12}$	$W = \dfrac{a^3}{6}$	$W_p = 0{,}208 \cdot a^3$
	$I = \dfrac{5 \cdot \sqrt{3} \cdot s^4}{144}$ $I = \dfrac{5 \cdot \sqrt{3} \cdot d^4}{256}$	$W_y = \dfrac{5 \cdot s^3}{48} = \dfrac{5 \cdot \sqrt{3} \cdot d^3}{128}$ $W_z = \dfrac{5 \cdot s^3}{24 \cdot \sqrt{3}} = \dfrac{5 \cdot d^3}{64}$	$W_p = 0{,}188 \cdot s^3$ $W_p = 0{,}1226 \cdot d^3$
	$I_y = \dfrac{b \cdot h^3}{12}$ $I_z = \dfrac{h \cdot b^3}{12}$	$W_y = \dfrac{b \cdot h^2}{6}$ $W_z = \dfrac{h \cdot b^2}{6}$	$f\ddot{u}r \; \dfrac{h}{b} = n > 1 \; gilt:$ $W_p = c_1 \cdot b^3$ [1]
	$I_y = \dfrac{b \cdot h^3}{36}$ $I_{y'} = \dfrac{b \cdot h^3}{12}$	$W_y = \dfrac{b \cdot h^2}{24}$	–

[1] c_1 ist abhängig von n (aus Tabellenbüchern zu entnehmen) z. B. n = 1,5 ⇨ c_1 = 0,346 oder n = 4 ⇨ c_1 = 1,150

5 Eisen-Kohlenstoff-Diagramm

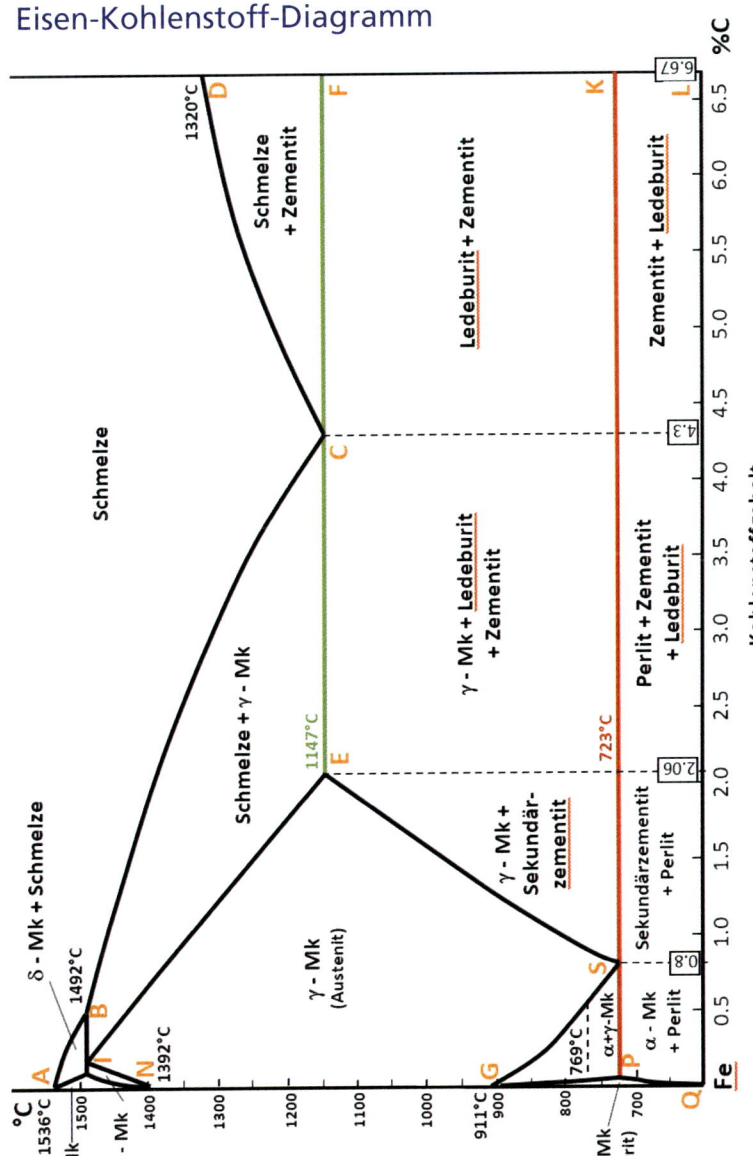

1 Säurekonstanten und Basekonstanten

(Werte gelten für eine Temperatur von 22 °C)

K_s in mol·l⁻¹	pK_s	Formel Säure	Formel korrespondierende Base	pK_B	K_B in mol·l⁻¹
$1,0 \cdot 10^{11}$	−11	HI	I^-	25	$1,0 \cdot 10^{-25}$
$1,0 \cdot 10^{10}$	−10	$HClO_4$	ClO_4^-	24	$1,0 \cdot 10^{-24}$
$1,0 \cdot 10^9$	− 9	HBr	Br^-	23	$1,0 \cdot 10^{-23}$
$1,0 \cdot 10^7$	− 7	HCl	Cl^-	21	$1,0 \cdot 10^{-21}$
$1,0 \cdot 10^3$	− 3	H_2SO_4	HSO_4^-	17	$1,0 \cdot 10^{-17}$
55,5	−1,74	H_3O^+	H_2O	15,74	$1,8 \cdot 10^{-16}$
$2,0 \cdot 10^1$	−1,32	HNO_3	NO_3^-	15,32	$4,8 \cdot 10^{-16}$
$1,7 \cdot 10^{-1}$	0,77	Cl_3CCOOH	Cl_3CCOO^-	13,23	$5,89 \cdot 10^{-14}$
$5,6 \cdot 10^{-2}$	1,25	$HOOC\text{-}COOH$	$HOOC\text{-}COO^-$	12,75	$1,77 \cdot 10^{-13}$
$5,6 \cdot 10^{-2}$	1,25	$Cl_2CHCOOH$	Cl_2CHCOO^-	12,75	$1,77 \cdot 10^{-13}$
$1,5 \cdot 10^{-2}$	1,81	H_2SO_3	HSO_3^-	12,19	$6,5 \cdot 10^{-13}$
$1,2 \cdot 10^{-2}$	1,92	HSO_4^-	SO_4^{2-}	12,08	$8,3 \cdot 10^{-13}$
$7,5 \cdot 10^{-3}$	2,12	H_3PO_4	$H_2PO_4^-$	11,88	$1,3 \cdot 10^{-12}$
$1,3 \cdot 10^{-3}$	2,87	$ClCH_2COOH$	$ClCH_2COO^-$	11,13	$7,4 \cdot 10^{-12}$
$7,2 \cdot 10^{-4}$	3,14	HF	F^-	10,86	$1,4 \cdot 10^{-11}$
$4,5 \cdot 10^{-4}$	3,35	HNO_2	NO_2^-	10,65	$2,2 \cdot 10^{-11}$
$1,8 \cdot 10^{-4}$	3,75	$HCOOH$	$HCOO^-$	10,25	$5,6 \cdot 10^{-11}$
$7,2 \cdot 10^{-5}$	4,14	$HOOC\text{-}COO^-$	$OOC\text{-}COO^{2-}$	9,86	$1,4 \cdot 10^{-10}$
$2,6 \cdot 10^{-5}$	4,58	$C_6H_5NH_3^+$	$C_6H_5NH_2$	9,42	$3,8 \cdot 10^{-10}$
$1,8 \cdot 10^{-5}$	4,75	CH_3COOH	CH_3COO^-	9,25	$5,6 \cdot 10^{-10}$
$1,3 \cdot 10^{-5}$	4,87	CH_3CH_2COOH	$CH_3CH_2COO^-$	9,13	$7,4 \cdot 10^{-10}$
$3,0 \cdot 10^{-7}$	6,52	H_2CO_3	HCO_3^-	7,48	$3,3 \cdot 10^{-8}$
$1,2 \cdot 10^{-7}$	6,92	H_2S	HS^-	7,08	$8,3 \cdot 10^{-8}$
$9,1 \cdot 10^{-8}$	7,04	HSO_3^-	SO_3^{2-}	6,96	$1,1 \cdot 10^{-7}$
$6,2 \cdot 10^{-8}$	7,20	$H_2PO_4^-$	HPO_4^{2-}	6,80	$1,6 \cdot 10^{-7}$
$5,6 \cdot 10^{-10}$	9,25	NH_4^+	NH_3	4,75	$1,8 \cdot 10^{-5}$
$4,0 \cdot 10^{-10}$	9,40	HCN	CN^-	4,60	$2,5 \cdot 10^{-5}$
$1,3 \cdot 10^{-10}$	9,89	C_6H_5OH	$C_6H_5O^-$	4,11	$7,8 \cdot 10^{-5}$
$4,0 \cdot 10^{-11}$	10,40	HCO_3^-	CO_3^{2-}	3,60	$2,5 \cdot 10^{-4}$
$4,4 \cdot 10^{-13}$	12,36	HPO_4^{2-}	PO_4^{3-}	1,64	$2,3 \cdot 10^{-2}$
$1,0 \cdot 10^{-13}$	13,00	HS^-	S^{2-}	1,00	$1,0 \cdot 10^{-1}$
$1,8 \cdot 10^{-16}$	15,74	H_2O	OH^-	−1,74	55,5
$1,0 \cdot 10^{-23}$	23	NH_3	NH_2^-	-9	$1,0 \cdot 10^9$
$1,0 \cdot 10^{-24}$	24	OH^-	O^{2-}	-10	$1,0 \cdot 10^{10}$

BASENSTÄRKE

SÄURESTÄRKE

2 Elektrochemische Spannungsreihe der Metalle

(Normalpotenziale[1] bei 25 °C und 101325 Pa)

Reduktionsmittel	$\rightleftharpoons$ Oxidationsmittel	$+ z \cdot e^-$	Redoxpaar	Normalpotenzial E^0 in V
Li (s)	$\rightleftharpoons$ Li$^+$ (aq)	$+ e^-$	Li/Li$^+$	-3,04
K (s)	$\rightleftharpoons$ K$^+$ (aq)	$+ e^-$	K/K$^+$	-2,92
Ba (s)	$\rightleftharpoons$ Ba^{2+} (aq)	$+ 2\,e^-$	Ba/Ba^{2+}	-2,90
Ca (s)	$\rightleftharpoons$ Ca^{2+} (aq)	$+ 2\,e^-$	Ca/Ca^{2+}	-2,87
Na (s)	$\rightleftharpoons$ Na$^+$ (aq)	$+ e^-$	Na/Na$^+$	-2,71
Mg (s)	$\rightleftharpoons$ Mg^{2+} (aq)	$+ 2\,e^-$	Mg/Mg^{2+}	-2,36
Be (s)	$\rightleftharpoons$ Be^{2+} (aq)	$+ 2\,e^-$	Be/Be^{2+}	-1,85
Al (s)	$\rightleftharpoons$ Al^{3+} (aq)	$+ 3\,e^-$	Al/Al^{3+}	-1,66
Ti (s)	$\rightleftharpoons$ Ti^{3+} (aq)	$+ 3\,e^-$	Ti/Ti^{3+}	-1,21
Mn (s)	$\rightleftharpoons$ Mn^{2+} (aq)	$+ 2\,e^-$	Mn/Mn^{2+}	-1,18
V (s)	$\rightleftharpoons$ V^{2+} (aq)	$+ 2\,e^-$	V/V^{2+}	-1,17
Zn (s)	$\rightleftharpoons$ Zn^{2+} (aq)	$+ 2\,e^-$	Zn/Zn^{2+}	-0,76
Cr (s)	$\rightleftharpoons$ Cr^{3+} (aq)	$+ 3\,e^-$	Cr/Cr^{3+}	-0,74
Fe (s)	$\rightleftharpoons$ Fe^{2+} (aq)	$+ 2\,e^-$	Fe/Fe^{2+}	- 0,41
Cd (s)	$\rightleftharpoons$ Cd^{2+} (aq)	$+ 2\,e^-$	Cd/Cd^{2+}	-0,40
Co (s)	$\rightleftharpoons$ Co^{2+} (aq)	$+ 2\,e^-$	Co/Co^{2+}	-0,28
Ni (s)	$\rightleftharpoons$ Ni^{2+} (aq)	$+ 2\,e^-$	Ni/Ni^{2+}	-0,23
Sn (s)	$\rightleftharpoons$ Sn^{2+} (aq)	$+ 2\,e^-$	Sn/Sn^{2+}	-0,14
Pb (s)	$\rightleftharpoons$ Pb^{2+} (aq)	$+ 2\,e^-$	Pb/Pb^{2+}	-0,13
Fe (s)	$\rightleftharpoons$ Fe^{3+} (aq)	$+ 3\,e^-$	Fe/Fe^{3+}	-0,02
H$_2$(g) + 2 H$_2$O (l)	$\rightleftharpoons$ 2 H$_3$O$^+$ (aq)	$+ 2\,e^-$	H$_2$/2 H$_3$O$^+$	0,00 (pH = 0)
Cu$^+$ (aq)	$\rightleftharpoons$ Cu^{2+} (aq)	$+ e^-$	Cu$^+$/Cu^{2+}	+0,17
Cu (s)	$\rightleftharpoons$ Cu^{2+} (aq)	$+ 2\,e^-$	Cu/Cu^{2+}	+0,35
Cu (s)	$\rightleftharpoons$ Cu$^+$ (aq)	$+ e^-$	Cu/Cu$^+$	+0,52
Ag (s)	$\rightleftharpoons$ Ag$^+$ (aq)	$+ e^-$	Ag/Ag$^+$	+0,80
Hg (l)	$\rightleftharpoons$ Hg^{2+} (aq)	$+ 2\,e^-$	Hg/Hg^{2+}	+0,85
Pt (s)	$\rightleftharpoons$ Pt^{2+} (aq)	$+ 2\,e^-$	Pt/Pt^{2+}	+1,20
Au (s)	$\rightleftharpoons$ Au^{3+} (aq)	$+ 3\,e^-$	Au/Au^{3+}	+1,50

STÄRKE ALS OXIDATIONSMITTEL

STÄRKE ALS REDUKTIONSMITTEL

s: fest; l: flüssig; g: gasförmig; aq: in wässriger Lösung

1) Für Normalpotenziale ist in der Fachliteratur auch der Begriff „Standardpotenziale" gebräuchlich.

3 Elektrochemische Spannungsreihe der Nichtmetalle

(Normalpotenziale[1] bei 25 °C und 101325 Pa)

Reduktionsmittel	$\rightleftharpoons$ Oxidationsmittel	+ z · e⁻	Redoxpaar	Normalpotenzial E^0 in V
Se^{2-} (aq)	$\rightleftharpoons$ Se (s)	$+ 2\ e^-$	Se^{2-}/Se	−0,92
S^{2-} (aq)	$\rightleftharpoons$ S (s)	$+ 2\ e^-$	S^{2-}/S	−0,48
2 I^- (aq)	$\rightleftharpoons$ I_2 (s)	$+ 2\ e^-$	2 I^-/I_2	+0,54
2 Br^- (aq)	$\rightleftharpoons$ Br_2 (l)	$+ 2\ e^-$	2 Br^-/Br_2	+1,07
2 Cl^- (aq)	$\rightleftharpoons$ Cl_2 (g)	$+ 2\ e^-$	2 Cl^-/Cl_2	+1,36
2 F^- (aq)	$\rightleftharpoons$ F_2 (g)	$+ 2\ e^-$	2 F^-/F_2	+2,87

STÄRKE RED.MI.

STÄRKE OX.MI.

s: fest; l: flüssig; g: gasförmig; aq: in wässriger Lösung

1) Für Normalpotenziale ist in der Fachliteratur auch der Begriff „Standardpotenziale" gebräuchlich.

4 Elektrochemische Spannungsreihe weiterer Halbreaktionen

(Normalpotenziale[1] bei 25 °C und 101325 Pa)

Reduktionsmittel	⇌	Oxidationsmittel	+ z · e⁻	Normalpotenzial E^0 in V
H_2 (g) + 2 OH^- (aq)	⇌	2 H_2O (l)	+ 2 e⁻	−0,83 (pH = 14)
H_2 (g) + 2 H_2O (l)	⇌	2 H_3O^+ (aq)	+ 2 e⁻	−0,41 (pH = 7)
Pb (s) + SO_4^{2-} (aq)	⇌	$PbSO_4$ (s)	+ 2 e⁻	−0,36
Sn^{2+} (aq)	⇌	Sn^{4+} (aq)	+ 2 e⁻	+0,15
4 OH^- (aq)	⇌	O_2 (g) + 2 H_2O (l)	+ 4 e⁻	+0,40 (pH = 14)
MnO_4^{2-} (aq)	⇌	MnO_4^- (aq)	+ e⁻	+0,58
Fe^{2+} (aq)	⇌	Fe^{3+} (aq)	+ e⁻	+0,77
NO_2 (g) + 3 H_2O (l)	⇌	NO_3^- (aq) + 2 H_3O^+ (aq)	+ e⁻	+0,80
4 OH^- (aq)	⇌	O_2 (g) + 2 H_2O (l)	+ 4 e⁻	+0,82 (pH = 7)
NO (g) + 6 H_2O (l)	⇌	NO_3^- (aq) + 4 H_3O^+ (aq)	+ 3 e⁻	+0,96
6 H_2O (l)	⇌	O_2 (g) + 4 H_3O^+ (aq)	+ 4 e⁻	+ 1,23
2 Cr^{3+} (aq) + 21 H_2O (l)	⇌	$Cr_2O_7^{2-}$ (aq) + 14 H_3O^+ (aq)	+ 6 e⁻	+1,33
Pb^{2+} (aq) + 6 H_2O (l)	⇌	PbO_2 (s) + 4 H_3O^+(aq)	+ 2 e⁻	+1,46
Mn^{2+} (aq) + 12 H_2O (l)	⇌	MnO_4^- (aq) + 8 H_3O^+ (aq)	+ 5 e⁻	+1,50
MnO_2 (s) + 6 H_2O (l)	⇌	MnO_4^- (aq) + 4 H_3O^+ (aq)	+ 3 e⁻	+1,70
2 SO_4^{2-} (aq)	⇌	$S_2O_8^{2-}$ (aq)	+ 2 e⁻	+2,01

(links: STÄRKE ALS REDUKTIONSMITTEL ↑ / rechts: STÄRKE ALS OXIDATIONSMITTEL ↓)

s: fest; l: flüssig; g: gasförmig; aq: in wässriger Lösung

1) Für Normalpotenziale ist in der Fachliteratur auch der Begriff „Standardpotenziale" gebräuchlich.

Stichwortverzeichnis

Physik

Technologie/
Naturwissenschaften

Chemie

Tabellen

Stichwortverzeichnis

---

1 Algebraische Grundlagen

Binomische Formeln	$(a+b)^2 = a^2 + 2ab + b^2$	$(a+b)^3 = a^3 + 3a^2b + 3ab^2 + b^3$
	$(a-b)^2 = a^2 - 2ab + b^2$	$(a-b)^3 = a^3 - 3a^2b + 3ab^2 - b^3$
	$(a+b)\cdot(a-b) = a^2 - b^2$	$a^3 - b^3 = (a-b)\cdot(a^2 + ab + b^2)$

Absolutbetrag

$$|x| = \begin{cases} x & \text{für } x \geq 0 \\ -x & \text{für } x < 0 \end{cases}$$

Wurzeln und Potenzen

$\sqrt{a}\cdot\sqrt{a} = a$ $\qquad$ $\sqrt{a} \geq 0$ $\qquad$ $\sqrt{a^2} = |a|$

$\sqrt{a}\cdot\sqrt{b} = \sqrt{a\cdot b}$ $\qquad$ $\dfrac{\sqrt{a}}{\sqrt{b}} = \sqrt{\dfrac{a}{b}}$ $\qquad$ $\underbrace{\sqrt[n]{a}\cdot\ldots\cdot\sqrt[n]{a}}_{n\,\text{Faktoren}} = a$

$a^n = \underbrace{a\cdot\ldots\cdot a}_{n\,\text{Faktoren}}$ $\qquad$ $a^0 = 1$ $\qquad$ $a^1 = a$

$a^{-x} = \dfrac{1}{a^x}$ $\qquad$ $a^x\cdot a^y = a^{x+y}$ $\qquad$ $\dfrac{a^x}{a^y} = a^{x-y}$

$\left(a^x\right)^y = a^{x\cdot y}$ $\qquad$ $a^x\cdot b^x = (a\cdot b)^x$ $\qquad$ $\dfrac{a^x}{b^x} = \left(\dfrac{a}{b}\right)^x$

$a^{\frac{1}{n}} = \sqrt[n]{a}$ $\qquad$ $a^{\frac{m}{n}} = \sqrt[n]{a^m}$

Logarithmen

$\log_b a = z \;\Leftrightarrow\; b^z = a$

$\log_b(uv) = \log_b u + \log_b v$ $\qquad$ $\log_b \dfrac{u}{v} = \log_b u - \log_b v$

$\log_b u^z = z\cdot\log_b u$ $\qquad$ $\log_c a = \dfrac{\log_b a}{\log_b c}$

Geradengleichung

$y = m\cdot x + t$ $\qquad$ (allgemeine Form)

$y = m\cdot(x - x_0) + y_0$ $\qquad$ (Punkt-Steigungs-Form)

Parabelgleichung

$y = ax^2 + bx + c$ $\qquad$ (allgemeine Form)

$y = a\cdot(x - x_s)^2 + y_s$ $\qquad$ (Scheitelform)

$y = a\cdot(x - x_1)\cdot(x - x_2)$ $\qquad$ (Linearfaktorform)

Lösungsformel für die quadratische Gleichung

$ax^2 + bx + c = 0$ und $b^2 - 4ac \geq 0$ $\;\Rightarrow\;$ $x_{1;2} = \dfrac{-b \pm \sqrt{b^2 - 4ac}}{2a}$

2 Analysis

Symmetrie bezüglich des Koordinatensystems	$f(-x) = f(x)$ für alle $x \in D_f$ $\Rightarrow$	G_f ist achsensymmetrisch zur y-Achse (f heißt dann gerade Funktion)
	$f(-x) = -f(x)$ für alle $x \in D_f$ $\Rightarrow$	G_f ist punktsymmetrisch zum Ursprung (f heißt dann ungerade Funktion)

Differenzenquotient

$$\frac{f(x) - f(x_0)}{x - x_0} \qquad \text{(Sekantensteigung bzgl. } x_0 \text{ und } x\text{)}$$

Ableitung $f'(x_0)$ (Differentialquotient)

Besitzt der Graph G_f an der Stelle x_0 eine eindeutige Tangente, so wird die Steigung dieser Tangente mit $f'(x_0)$ bezeichnet.

Dann gilt:
$$x \to x_0 \quad \Rightarrow \quad \frac{f(x) - f(x_0)}{x - x_0} \to f'(x_0)$$

Schreibweisen:
$$f'(x) = \frac{df(x)}{dx} = \frac{d}{dx}f(x)$$

$$\dot{s}(t) = \frac{ds(t)}{dt}$$

Ableitung der Grundfunktionen

$$\frac{d}{dx}(x^r) = r \cdot x^{r-1} \qquad \frac{d}{dx}\left(\frac{1}{x^r}\right) = -\frac{r}{x^{r+1}}$$

$$\frac{d}{dx}(e^x) = e^x \qquad \frac{d}{dx}(\ln x) = \frac{1}{x}$$

$$\frac{d}{dx}(\sin x) = \cos x \qquad \frac{d}{dx}(\cos x) = -\sin x$$

$$\frac{d}{dx}(\arctan x) = \frac{1}{1+x^2}$$

Ableitungsregeln

$f(x) = u(x) + v(x)$	$\Rightarrow$	$f'(x) = u'(x) + v'(x)$
$f(x) = c \cdot u(x)$	$\Rightarrow$	$f'(x) = c \cdot u'(x)$
$f(x) = u(x) \cdot v(x)$	$\Rightarrow$	$f'(x) = u'(x) \cdot v(x) + u(x) \cdot v'(x)$
$f(x) = \dfrac{u(x)}{v(x)}$	$\Rightarrow$	$f'(x) = \dfrac{u'(x) \cdot v(x) - u(x) \cdot v'(x)}{[v(x)]^2}$
$f(x) = u(v(x))$	$\Rightarrow$	$f'(x) = u'(v(x)) \cdot v'(x)$

Merkhilfe Mathematik (FOS/BOS)
Ausbildungsrichtung Technik

ISB

STAATSINSTITUT FÜR SCHULQUALITÄT
UND BILDUNGSFORSCHUNG
MÜNCHEN

Monotonie-kriterium	$f^/(x) < 0$ im Intervall I	$\Rightarrow$	G_f fällt streng monoton in I.
	$f^/(x) > 0$ im Intervall I	$\Rightarrow$	G_f steigt streng monoton in I.

Art von relativen Extrema	$f^/(x_0) = 0$ und $f^{//}(x_0) > 0$	$\Rightarrow$	f hat an der Stelle x_0 ein relatives Minimum.
	$f^/(x_0) = 0$ und $f^{//}(x_0) < 0$	$\Rightarrow$	f hat an der Stelle x_0 ein relatives Maximum.

Graphen-krümmung	$f^{//}(x) < 0$ im Intervall I	$\Rightarrow$	G_f ist in I rechtsgekrümmt.
	$f^{//}(x) > 0$ im Intervall I	$\Rightarrow$	G_f ist in I linksgekrümmt.

Wendepunkt

Ist $f^{//}(x_0) = 0$ und wechselt $f^{//}(x)$ an der Stelle x_0 das Vorzeichen, so hat G_f an der Stelle x_0 einen Wendepunkt.

Terrassenpunkt

Ist $f^/(x_0) = 0$ und $f^{//}(x_0) = 0$ und wechselt $f^{//}(x)$ an der Stelle x_0 das Vorzeichen, so hat G_f an der Stelle x_0 einen Terrassenpunkt.

Hauptsatz der Differenzial- und Integralrechnung

Ist f eine in [a; b] stetige Funktion, so ist

die Integralfunktion $F_a : x \mapsto \int_a^x f(t)\,dt$ differenzierbar und

F_a ist eine Stammfunktion von f, d. h. $F_a^/(x) = f(x)$.

Ist F eine Stammfunktion von f, so gilt:

$$\int_a^b f(x)\,dx = \left[F(x)\right]_a^b = F(b) - F(a)$$

Partielle Integration

$$\int_a^b u(x) \cdot v^/(x)\,dx = \left[u(x) \cdot v(x)\right]_a^b - \int_a^b v(x) \cdot u^/(x)\,dx$$

Integration durch Substitution

$$\int_a^b f(x)\,dx = \int_{g^{-1}(a)}^{g^{-1}(b)} f(g(t)) \cdot g^/(t)\,dt \quad \text{mit } x = g(t)$$

Volumen eines Rotationskörpers	Rotation um die x-Achse:	$V = \pi \cdot \int\limits_{x_1}^{x_2} \big(f(x)\big)^2 \, dx$
	Rotation um die y-Achse:	$V = \pi \cdot \int\limits_{y_1}^{y_2} \big(f^{-1}(x)\big)^2 \, dx$

Unbestimmte Integrale

$$\int x^r \, dx = \frac{x^{r+1}}{r+1} + C \quad (r \neq -1) \qquad \int \frac{1}{x} \, dx = \ln|x| + C$$

$$\int \sin x \, dx = -\cos x + C \qquad \int \cos x \, dx = \sin x + C$$

$$\int e^x \, dx = e^x + C \qquad \int \ln x \, dx = -x + x \cdot \ln x + C$$

$$\int \frac{f'(x)}{f(x)} \, dx = \ln|f(x)| + C \qquad \int f'(x) \cdot e^{f(x)} \, dx = e^{f(x)} + C$$

$$\int \frac{1}{(\cos x)^2} \, dx = \tan x + C \qquad \int \frac{1}{(\sin x)^2} \, dx = -\frac{1}{\tan x} + C$$

$$\int \frac{1}{a^2 - x^2} \, dx = \frac{1}{2a} \cdot \ln\left|\frac{a+x}{a-x}\right| + C \qquad \int \frac{1}{a^2 + x^2} \, dx = \frac{1}{a} \cdot \arctan\frac{x}{a} + C$$

$$\int \frac{1}{\sqrt{x^2 \pm a^2}} \, dx = \ln\left|x + \sqrt{x^2 \pm a^2}\right| + C$$

$$\int \sqrt{a^2 + x^2} \, dx = \frac{x}{2} \cdot \sqrt{a^2 + x^2} + \frac{a^2}{2} \cdot \ln(x + \sqrt{a^2 + x^2}) + C$$

$$\int f(ax+b) \, dx = \frac{1}{a} \cdot F(ax+b) + C \qquad \text{wobei F eine}$$

Stammfunktion von f ist

Grenzwerte

für $r > 0$ gilt:

$$x \to -\infty \;\; \Rightarrow \;\; x^r \cdot e^x \to 0$$

$$x \to +\infty \;\; \Rightarrow \;\; \frac{x^r}{e^x} \to 0$$

$$x \to +\infty \;\; \Rightarrow \;\; \frac{\ln x}{x^r} \to 0$$

$$x \to 0 \;\; \Rightarrow \;\; x^r \cdot \ln x \to 0$$

Merkhilfe Mathematik (FOS/BOS)
Ausbildungsrichtung Technik

STAATSINSTITUT FÜR SCHULQUALITÄT
UND BILDUNGSFORSCHUNG
MÜNCHEN

ISB

3 Wahrscheinlichkeitsrechnung

Ω sei der Ergebnisraum eines Zufallsexperiments und $A, B \subseteq \Omega$ seien zwei beliebige Ereignisse.

Gesetze der Mengenalgebra	$\overline{A} = \Omega \setminus A$	$A \cap \overline{A} = \{\ \}$
	$\overline{\overline{A}} = A$	$A \setminus B = A \cap \overline{B}$
Gesetze von De Morgan	$\overline{A \cap B} = \overline{A} \cup \overline{B}$	$\overline{A \cup B} = \overline{A} \cap \overline{B}$
Unvereinbarkeit	$A \cap B = \{\ \}$ $\Leftrightarrow$ A und B heißen unvereinbar.	
Ereigniswahrscheinlichkeiten	$P(\{\ \}) = 0$ $\qquad$ $P(\Omega) = 1$ $P(\overline{A}) = 1 - P(A)$	
Satz von Sylvester	$P(A \cup B) = P(A) + P(B) - P(A \cap B)$	
Bedingte Wahrscheinlichkeit	$P_A(B) = \dfrac{P(A \cap B)}{P(A)}$	
Unabhängigkeit von zwei Ereignissen	$P_A(B) = P(B)$ $\;$ oder $\;$ $P(A \cap B) = P(A) \cdot P(B)$ $\Leftrightarrow$ A und B sind stochastisch unabhängig.	
Fakultät	$n! = n \cdot (n-1) \cdot (n-2) \cdot \ldots \cdot 2 \cdot 1$ Der Wert n! gibt an, wie viele Möglichkeiten es gibt, n unterscheidbare Elemente in einer Reihe anzuordnen.	
Binomialkoeffizient	$\dbinom{n}{k} = \dfrac{n!}{k! \cdot (n-k)!} = \dfrac{n \cdot (n-1) \cdot \ldots \cdot (n-k+1)}{k!}$ Der Binomialkoeffizient gibt an, wie viele Möglichkeiten es gibt, aus einer Menge mit n Elementen Teilmengen mit k Elementen zu bilden.	
Laplace-Experiment	Ein Laplace-Experiment ist ein Zufallsexperiment, bei dem alle Elementarereignisse des zugehörigen Ergebnisraumes gleich wahrscheinlich sind. Es gilt dann: $P(A) = \dfrac{|A|}{|\Omega|}$	

Maßzahlen	Die Zufallsgröße X nehme die Werte $x_1, x_2, \ldots, x_n$
von Zufallsgrößen	jeweils mit den Wahrscheinlichkeiten $p_1, p_2, \ldots, p_n$ an.

Dann gilt:

- **Erwartungswert**

$$\mu = E(X) = \sum_{i=1}^{n} x_i \cdot p_i$$

$$= x_1 \cdot p_1 + x_2 \cdot p_2 + \ldots + x_n \cdot p_n$$

- **Varianz**

$$\text{Var}(X) = \sum_{i=1}^{n} (x_i - \mu)^2 \cdot p_i$$

$$= (x_1 - \mu)^2 \cdot p_1 + (x_2 - \mu)^2 \cdot p_2 + \ldots + (x_n - \mu)^2 \cdot p_n$$

$$\text{Var}(X) = E(X^2) - \mu^2 \quad \text{(Verschiebungsregel)}$$

- **Standardabweichung** $\quad \sigma = \sqrt{\text{Var}(X)}$

Binomialverteilung

Eine Zufallsgröße X beschreibe die Anzahl der Treffer in einer Bernoullikette der Länge n mit Trefferwahrscheinlichkeit p.

Dann gilt:

- Die Wahrscheinlichkeitsverteilung von X heißt Binomialverteilung.

- X heißt binomialverteilt, genauer B(n; p)-verteilt.

Ist eine Zufallsgröße X binomialverteilt nach B(n; p), so gilt:

- $P(X = k) = B(n; p; k) = \binom{n}{k} \cdot p^k \cdot (1-p)^{n-k}$ für k = 0, 1, ... , n

- Erwartungswert: $\quad E(X) = n \cdot p$

- Varianz: $\quad\quad\quad \text{Var}(X) = n \cdot p \cdot (1-p)$

Hypothesentest

Beim Testen der Nullhypothese H_0 in einem Signifikanztest mit Signifikanzniveau α können zwei Fehler auftreten:

- Fehler 1. Art: H_0 wird abgelehnt, obwohl sie wahr ist.
- Fehler 2. Art: H_0 wird angenommen, obwohl sie falsch ist.

Das Signifikanzniveau α des Tests ist die größtmögliche noch akzeptierte Wahrscheinlichkeit des Fehlers 1. Art.

4 Geometrie

Flächengeometrie

A: Flächeninhalt
U: Umfang

Allgemeines Dreieck

$A = \dfrac{1}{2} \cdot g \cdot h$

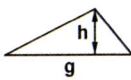

Gleichseitiges Dreieck

$A = \dfrac{a^2}{4} \cdot \sqrt{3}$

$h = \dfrac{a}{2} \cdot \sqrt{3}$

Kreis

$U = 2 \cdot r \cdot \pi$

$A = r^2 \cdot \pi$

Trapez

$A = \dfrac{a+c}{2} \cdot h$

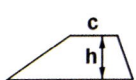

Raumgeometrie

V: Volumen
G: Grundfläche
M: Mantelfläche
O: Oberfläche

Prisma

$V = G \cdot h$

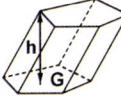

Pyramide

$V = \dfrac{1}{3} \cdot G \cdot h$

Gerader Kreiszylinder

$V = r^2 \cdot \pi \cdot h$

$M = 2 \cdot r \cdot \pi \cdot h$

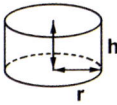

Gerader Kreiskegel

$V = \dfrac{1}{3} \cdot r^2 \cdot \pi \cdot h$

$M = r \cdot \pi \cdot m$

Kugel

$V = \dfrac{4}{3} \cdot r^3 \cdot \pi$

$O = 4 \cdot r^2 \cdot \pi$

Geradengleichung

$g : \vec{x} = \vec{a} + \lambda \cdot \vec{u}$ 　　　　　　 (Parameterform)

Ebenengleichung

$E : \vec{x} = \vec{a} + \lambda \cdot \vec{u} + \mu \cdot \vec{v}$ 　　 (Parameterform)

$E : a \cdot x_1 + b \cdot x_2 + c \cdot x_3 + d = 0$ 　　 (Koordinatenform)

$E : \vec{n} \circ (\vec{x} - \vec{a}) = 0$ 　　 (Normalenform)

$E : \dfrac{x_1}{s} + \dfrac{x_2}{t} + \dfrac{x_3}{u} = 1$ 　　 (Achsenabschnittsform)

mit den Achsenschnittpunkten

$S(s|0|0)$, $T(0|t|0)$, $U(0|0|u)$

Skalarprodukt im $\mathbb{R}^3$

$$\vec{a} \circ \vec{b} = \begin{pmatrix} a_1 \\ a_2 \\ a_3 \end{pmatrix} \circ \begin{pmatrix} b_1 \\ b_2 \\ b_3 \end{pmatrix} = a_1 \cdot b_1 + a_2 \cdot b_2 + a_3 \cdot b_3$$

Eigenschaften und Anwendungen des Skalarprodukts

- zueinander senkrechte Vektoren: $\vec{a} \perp \vec{b} \iff \vec{a} \circ \vec{b} = 0$

- Betrag eines Vektors: $|\vec{a}| = \sqrt{\vec{a} \circ \vec{a}}$

- Einheitsvektor: $\vec{a}^0 = \dfrac{\vec{a}}{|\vec{a}|}$

- Winkel zwischen zwei Vektoren: $\cos\varphi = \dfrac{\vec{a} \circ \vec{b}}{|\vec{a}| \cdot |\vec{b}|}$

  mit $0° \leq \varphi \leq 180°$

Vektorprodukt

$$\vec{a} \times \vec{b} = \begin{pmatrix} a_1 \\ a_2 \\ a_3 \end{pmatrix} \times \begin{pmatrix} b_1 \\ b_2 \\ b_3 \end{pmatrix} = \begin{pmatrix} a_2 \cdot b_3 - a_3 \cdot b_2 \\ a_3 \cdot b_1 - a_1 \cdot b_3 \\ a_1 \cdot b_2 - a_2 \cdot b_1 \end{pmatrix}$$

Eigenschaften und Anwendungen des Vektorprodukts

- $\vec{a} \times \vec{b}$ steht senkrecht auf $\vec{a}$ und $\vec{b}$.

- $|\vec{a} \times \vec{b}| = |\vec{a}| \cdot |\vec{b}| \cdot \sin\varphi$ mit $0° \leq \varphi \leq 180°$

- Maßzahl F des Flächeninhalts des Dreiecks ABC: $F = \dfrac{1}{2} \cdot |\overrightarrow{AB} \times \overrightarrow{AC}|$

- Maßzahl V des Volumens der dreiseitigen Pyramide ABCD: $V = \dfrac{1}{6} \cdot \left| \overrightarrow{AB} \circ \left(\overrightarrow{AC} \times \overrightarrow{AD} \right) \right|$

Lineare Unabhängigkeit

$\vec{a}, \vec{b}, \vec{c} \in \mathbb{R}^3$ sind linear unabhängig.

$\iff$ Die Gleichung $\lambda \cdot \vec{a} + \mu \cdot \vec{b} + \nu \cdot \vec{c} = \vec{0}$

  ist nur mit $\lambda = \mu = \nu = 0$ lösbar.

$\iff$ $\vec{a} \circ \left(\vec{b} \times \vec{c} \right) \neq 0$

Besondere Punkte

Mittelpunkt M einer Strecke $\overline{AB}$: $\overrightarrow{OM} = \dfrac{1}{2} \cdot \left(\overrightarrow{OA} + \overrightarrow{OB} \right)$

Schwerpunkt S eines Dreiecks ABC: $\overrightarrow{OS} = \dfrac{1}{3} \cdot \left(\overrightarrow{OA} + \overrightarrow{OB} + \overrightarrow{OC} \right)$

5 Trigonometrische Grundlagen

Rechtwinkliges Dreieck	Satz des Pythagoras: $a^2 + b^2 = c^2$ Höhensatz: $h^2 = pq$ Kathetensatz: $a^2 = cp$; $b^2 = cq$

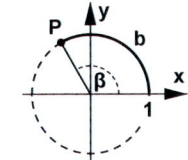

$$\sin\alpha = \frac{a}{c} \qquad \cos\alpha = \frac{b}{c} \qquad \tan\alpha = \frac{\sin\alpha}{\cos\alpha} = \frac{a}{b}$$

Beziehungen am Einheitskreis

- $P(x_P \mid y_P)$ liegt auf dem Einheitskreis

$$\Rightarrow \cos\beta = x_P \text{ und } \sin\beta = y_P$$

- $\dfrac{b}{\pi} = \dfrac{\beta}{180°}$

Trigonometrische Beziehungen

$$(\sin\varphi)^2 + (\cos\varphi)^2 = 1$$

$$\sin(-\varphi) = -\sin\varphi \qquad\qquad \sin(90° - \varphi) = \cos\varphi$$

$$\cos(-\varphi) = \cos\varphi \qquad\qquad \cos(90° - \varphi) = \sin\varphi$$

Additions-theoreme

$$\sin(2\varphi) = 2 \cdot \sin\varphi \cdot \cos\varphi \qquad\qquad (\sin\frac{\varphi}{2})^2 = \frac{1}{2} \cdot (1 - \cos\varphi)$$

$$\cos(2\varphi) = (\cos\varphi)^2 - (\sin\varphi)^2 \qquad\qquad (\cos\frac{\varphi}{2})^2 = \frac{1}{2} \cdot (1 + \cos\varphi)$$

$$\sin(\alpha + \beta) = \sin\alpha \cdot \cos\beta + \cos\alpha \cdot \sin\beta$$

$$\cos(\alpha + \beta) = \cos\alpha \cdot \cos\beta - \sin\alpha \cdot \sin\beta$$

$$\sin\alpha + \sin\beta = 2 \cdot \sin\frac{\alpha + \beta}{2} \cdot \cos\frac{\alpha - \beta}{2}$$

$$\sin\alpha - \sin\beta = 2 \cdot \sin\frac{\alpha - \beta}{2} \cdot \cos\frac{\alpha + \beta}{2}$$

$$2 \cdot \sin\alpha \cdot \cos\beta = \sin(\alpha - \beta) + \sin(\alpha + \beta)$$